完全改訂版

起きてから寝るまで子育て英語表現600

親子の1日を全部英語で言う
➡ どんどん話せるようになる

監修：吉田研作　解説：春日聡子

はじめに

●新しい「起き寝る子育て表現集」の誕生

「起きてから寝るまで子育て表現550」ができたのは1996年。当時は私も3歳の子どもがおり、子育ての現場を体現しながら、いろいろな状況を考え、そのときに役立つ表現を考えた。

大家族から核家族の時代となり、「起きてから寝るまで子育て表現550」は、単なる英語の表現集としてだけではなく、子育てに悩むお母さんたちの心の支えにもなっていた。「同じ悩みを持つ人がたくさんいるのだ」と安心感を与える本としても、いろいろな方から評価されるようになった。

しかし20年近くたつと、世の中が変わり、お母さんが接する世界そのものが大きく変わってきた。そのため、今回新たに「完全改訂版 起きてから寝るまで子育て英語表現600」を刊行することとなった。フレーズ数も増え、表現も、状況も、初版に比べると大幅に変わっている。今の世の中でお父さん・お母さんたちが子育てをする際に役立つ表現を取り入れた。

●本書の考え方

表現や状況は大幅に変わっているものの、「起き寝る」の基本的な考え方は、今までと同じである。

1) 具体的状況について表現する　The sun is out. It's a beautiful day!
2) そのときの自分や子どもの行動を表現する　I help her get dressed.
3) そのときの気持ちを表現する
　　Good for you!　You can get dressed all by yourself now!
4) そのときの考えや思いを表現する
　　It's going to be a hot day.　You won't need an undershirt.

この基本的枠組みは本書においても踏襲されている。「起き寝る」シリーズ全体を貫く、「一人でできる英会話」のコンセプトは全く変わっていないのである。子育てをした経験のある人なら、多かれ少なかれ誰でも経験したことがある場面を想定して表現を選んでいる。

　例えば「朝」は、ミルクを飲んでおむつを替えたり、着替えたりする。「公園」に行けば、友達に会ったり、滑り台やブランコに乗ったり、走り回ったりするだろう。「レジャー」であれば、電車や車でお出掛けをする。休日なら、お父さんも一緒の場合が多いのではないだろうか。「食事」はどうだろう。好き嫌いがあっても、おいしそうに食べてくれるとうれしいものである。行儀が悪いときの「しつけ」はどうか。自分が悪かった、と謝る姿は何とも言えず愛らしい。そして子どもは「成長」する。初めて歩いたときは感激する。身長がグングン伸びる。親がやることをまねながら、お手伝いしてくれる。「お風呂」に入る。シャワーは目にお湯が入るから嫌がる。でも、お風呂に浮かべたおもちゃで遊んだり、一緒に歌を歌ったりするのは楽しいひとときである。そして、迎えた「夜」。なかなか寝ない。一緒に寝たがる。絵本を読んであげる。毎日読んでいると、全部覚えちゃう。それでも読んでもらいたい。子どもの発達ってすごいと思う。

　こうやって子どもとの一日が終わる。子育てって、すごい。子どもが大きくなってしまうと、よく頑張ったな、とつい自分を褒めてあげたくなる。You are doing a great job!　皆さんも子育て、頑張ってください。

　英語を学ぶには、自分の人生・生活・考え・気持ちが、一番よい「教材」になるのである。

2014年6月　吉田研作

目次 Contents

はじめに	P.2
本書の構成と使い方	P.6
付属CDの使い方	P.9
特典ダウンロード音声のお知らせ	P.10

chapter 1
朝(赤ちゃんのお世話、着替え)
In the Morning
単語編／体の動き／つぶやき表現／入れ替え表現①
Quick Check **P.11**

chapter 2
散歩・公園
At the Park
単語編／体の動き／つぶやき表現／Quick Check **P.33**

chapter 3
レジャー
Leisure
単語編／体の動き／つぶやき表現／Quick Check **P.57**

chapter 4
食事
Mealtime
単語編／体の動き／つぶやき表現／入れ替え表現②
Quick Check **P.79**

chapter 5 しつけ
Discipline
単語編／体の動き／つぶやき表現／入れ替え表現③
Quick Check　　　　　　　　　　　　　　　　　　**P.103**

chapter 6 成長
Growing Up
単語編／体の動き／つぶやき表現／Quick Check　　　**P.125**

chapter 7 トイレ・風呂
Bath Time
単語編／体の動き／つぶやき表現／Quick Check　　　**P.149**

chapter 8 夜 (歯磨き、読み聞かせ、寝かしつけ)
At Night
単語編／体の動き／つぶやき表現／入れ替え表現④
Quick Check　　　　　　　　　　　　　　　　　　**P.171**

つぶやき表現　番外編【子育ての悩み編】	P.54
つぶやき表現　番外編【ママ友編】	P.100
つぶやき表現　番外編【共働き編】	P.146
つぶやき表現　番外編【幼稚園編】	P.192
Dialogues ～会話にトライ！～	P.195
親子が笑顔になる　褒める・励ます表現26	P.212

本書の構成と使い方
How to Use This Book

本書全体の構成と使い方

- 親子の朝起きてから夜寝るまでの1日のシーンを8章に分けています。
- まずは全体に目を通しましょう。それから、自分の興味のあるフレーズを繰り返し練習し、少しずつ使える表現を増やしていきましょう。
- 各章は、「単語編」「体の動き」「つぶやき表現」「Quick Check(クイズ)」に分かれています。

各章の構成と使い方

[単語編]

- 各章に登場する単語をイラストとともに紹介。ここで、各章のイメージをつかみましょう。

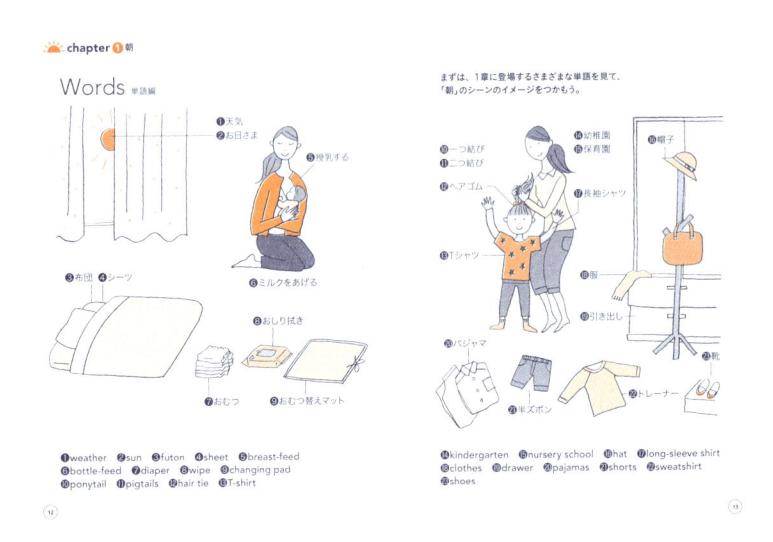

> chapter ❶ 朝
> Words 単語編
> ❶天気 ❷お日さま ❸授乳する ❹布団 ❺シーツ ❻ミルクをあげる ❼おむつ ❽おしり拭き ❾おむつ替えマット
> ❶weather ❷sun ❸futon ❹sheet ❺breast-feed
> ❻bottle-feed ❼diaper ❽wipe ❾changing pad
> ❿ponytail ⓫pigtails ⓬hair tie ⓭T-shirt

> まずは、1章に登場するさまざまな単語を見て、「朝」のシーンのイメージをつかもう。
> ❿一つ結び ⓫二つ結び ⓬ヘアゴム ⓭Tシャツ ⓮幼稚園 ⓯保育園 ⓰帽子 ⓱長袖シャツ ⓲服 ⓳引き出し ⓴パジャマ ㉑半ズボン ㉒トレーナー ㉓靴
> ⓮kindergarten ⓯nursery school ⓰hat ⓱long-sleeve shirt
> ⓲clothes ⓳drawer ⓴pajamas ㉑shorts ㉒sweatshirt
> ㉓shoes

※イラスト内の日本語を英語にできるかどうか試してみましょう(解答は下の欄)。

[体の動き]

■ここでは主に、普段何気なくしている親子の行動・行為を I ~(私は~する)、He/She ~(彼/彼女は~する)の形で紹介しています。つぶやき練習の基本となるものです。普段の行動を振り返りながら繰り返し練習し、英語で言えるようにしましょう。

※発音に注意が必要な箇所にはカタカナが付いています。
｜ ｜はカタカナが3語以上にわたる場合の範囲を表しています。

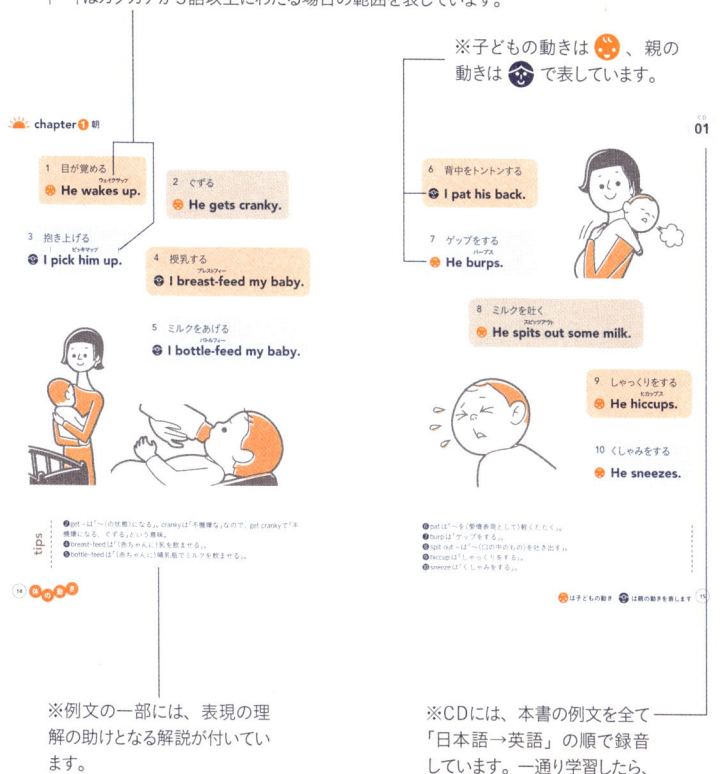

※子どもの動きは 😊、親の動きは 🔷 で表しています。

chapter ❶ 朝

1 目が覚める
ウェイクサップ
He wakes up.

2 ぐずる
He gets cranky.

3 抱き上げる
ピックヒムアップ
I pick him up.

4 授乳する
ブレスフィー
I breast-feed my baby.

5 ミルクをあげる
バトルフィー
I bottle-feed my baby.

6 背中をトントンする
I pat his back.

7 ゲップをする
バープス
He burps.

8 ミルクを吐く
スピッツアウト
He spits out some milk.

9 しゃっくりをする
ヒカップス
He hiccups.

10 くしゃみをする
He sneezes.

tips
❷ get は「~(の状態)になる」、crankyは「不機嫌な」なので、get crankyで「不機嫌になる、ぐずる」という意味。
❹ breast-feed は「(赤ちゃんに)乳を飲ませる」。
❺ bottle-feed は「(赤ちゃんに)哺乳瓶でミルクを飲ませる」。

❻ pat は「~を(愛情表現として)軽くたたく」。
❼ burp は「ゲップをする」。
❽ spit out は「~(口の中のもの)を吐き出す」。
❾ hiccup は「しゃっくりをする」。
❿ sneeze は「くしゃみをする」。

※例文の一部には、表現の理解の助けとなる解説が付いています。

※CDには、本書の例文を全て「日本語→英語」の順で録音しています。一通り学習したら、次は日本語を聞いてすぐ英語にする練習をしてみましょう。

[つぶやき表現]

■ここでは主に、パパやママが心の中で考えたり感じたりすることを英語で表現しています。気持ちを上手に伝えるためには、自分の「心の中」を英語で表現できることが大切です。自分の考えや気持ちを言葉にする習慣を作り、会話力アップにつなげましょう。

chapter ❶ 朝

1 あ、起きたかな?
Oh, are you awake?

2 はいはい、おなかすいたのね。分かってますよ〜。
You're hungry, aren't you? I know.

3 よく飲むねえ。
You're drinking a lot, aren't you?

4 ふわあ、寝不足だ……。
Oh, dear, I didn't get enough sleep.

※「つぶやき表現」の中には子どもへの語り掛けも含まれています。まずは繰り返し練習し、英語を口に出す習慣を作りましょう。英語がぱっと出るようになると、英語での語り掛けも自然にできるでしょう。

※見出しの和文と英文は、必ずしも直訳の関係ではありません。こんな気持ちを英語で言うとどういう表現になるのか、という例として挙げられています。

❶awake は「目が覚めて」。Are you awake? で「目が覚めたかな?」という語り掛けの表現になっている。
❷❸ You're hungry. や You're drinking a lot. のように、赤ちゃんの様子を表す文に、付加疑問文 ...aren't you? を付けると、「おなかがすいたのね」「たくさん飲んでるのね」と、語り掛けの表現になる。hungry は「おなかがすいた」。
❹oh, dear は「あらまあ、やれやれ」と言いたいときに使う間投詞。「寝不足だ」、あまりよく眠れなかった」は I didn't get enough sleep.。「よく眠れた」は I got a good night's sleep. や I slept like a baby.(赤ちゃんみたいに寝た)と言う。

[Quick Check]

重要フレーズをちゃんと覚えられたか、各章の最後にクイズでチェックしましょう。

ここもCheck!

Dialogues P195〜

各章に出てきた表現を使った、会話形式のストーリーです。実際の会話でどう使うのか参考にして、繰り返し自分でも言ってみましょう。

付属CDの使い方 How to Use the CD

■本文CDマークでトラック番号を確認

本書にはCDが1枚付いています。音声を聞くときは、各項目に掲載されているCDトラックの番号を呼び出してご利用ください。

■CDマーク

CD 01 各項目に付いているこのマークの数字が、付属CDのトラック番号に対応しています。

■収録内容

体の動き
つぶやき表現
Dialogues

■収録分数

約68分

■収録言語

体の動き、つぶやき表現➡日本語と英語
Dialogues➡英語のみ

■トラック表

体の動き&つぶやき表現	ページ	トラック
chapter 1	14-30	**01-02**
chapter 2	36-53	**03-04**
chapter 3	60-77	**05-06**
chapter 4	82-98	**07-08**
chapter 5	106-122	**09-10**
chapter 6	128-145	**11-12**
chapter 7	152-169	**13-14**
chapter 8	174-190	**15-16**

Dialogues	ページ	トラック
chapter 1	196-197	**17-18**
chapter 2	198-199	**19-20**
chapter 3	200-201	**21-22**
chapter 4	202-203	**23-24**
chapter 5	204-205	**25-26**
chapter 6	206-207	**27-28**
chapter 7	208-209	**29-30**
chapter 8	210-211	**31-32**

※CD取り扱い注意
- 弊社制作の音声CDは、CDプレーヤーでの再生を保証する規格品です。
- パソコンでご使用になる場合、CD-ROMドライブとの相性により、ディスクを再生できない場合がございます。ご了承ください。
- パソコンでタイトル・トラック情報を開示させたい場合は、iTunesをご利用ください。iTunesでは、弊社がCDのタイトル・トラック情報を登録しているGracenote社のCDDB（データベース）からインターネットを介してタイトル・トラック情報を取得することができます。
- CDとして正常に音声が再生できるディスクからパソコンやMP3プレーヤー等への取り込み時にトラブルが生じた際は、まず、そのアプリケーション（ソフト）、プレーヤーの製作元へご相談ください。

特典ダウンロード音声のお知らせ

■本書では、もっと本音をつぶやきたい人のために「親だっていろいろある！ つぶやき表現番外編」を紹介しています。音声は、MP3ファイルで以下のウェブサイトからダウンロードできます。本書と併せてご利用ください。本書では、ダウンロード音声ファイルは、次のように表示しています。

例：トラック01の場合　DL MP3_01

ここからダウンロード！

アルクダウンロードセンター
http://www.alc.co.jp/dl/

[ダウンロード手順]

1 上記にアクセスし、「英会話」のリストの中から『起きてから寝るまで子育て英語表現600』を選択

2 申し込みフォームに必要事項を入力の上、送信

3 Eメールにて、ダウンロードページのURLが届くので、そこにアクセスしてダウンロードする

〈ダウンロード音声ファイルについて〉
圧縮ファイルを解凍ソフトで展開の上、iTunesなどでファイルを取り込んでご利用ください。携帯音楽プレーヤーでの利用法や、iTunes以外の再生ソフトを使った取り込み方法については、ソフトおよびプレーヤーに付属するマニュアルでご確認ください。

chapter ① 朝

In the Morning

乳幼児がいると、朝はとにかく大忙し。
夜中のぐずりに明け方の授乳、朝イチでおむつ替え。
そうこうしていると上の子を起こす時間。
自分でお着替えできるかな？
やってあげたり自分でやったり。
登園させて、はい一息。今日も一日が始まります。

chapter ❶ 朝

Words 単語編

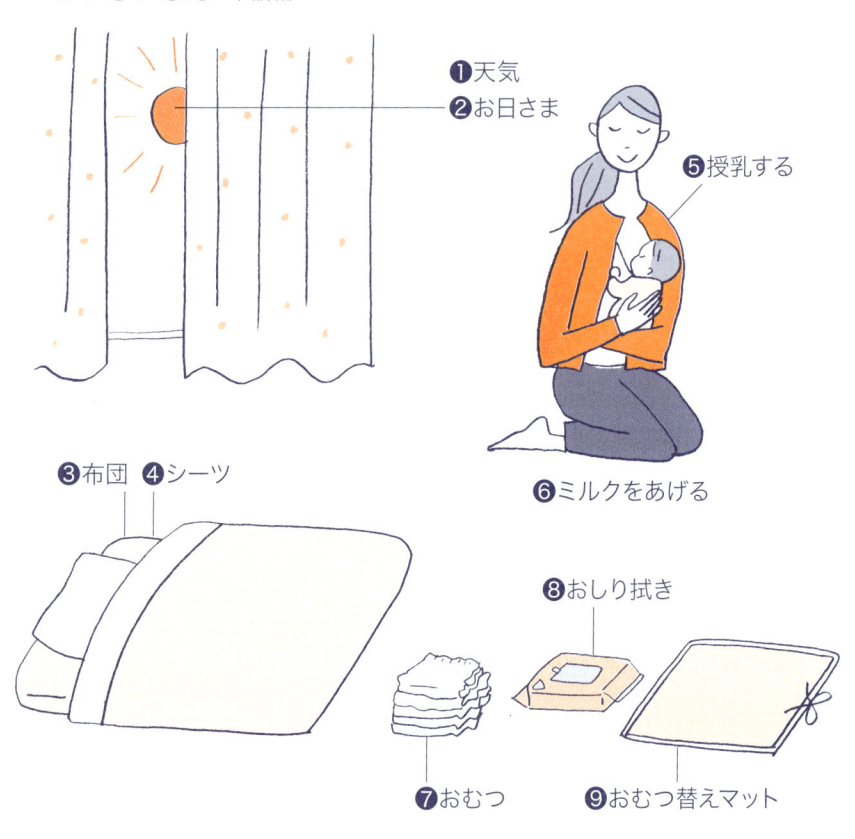

- ❶ 天気
- ❷ お日さま
- ❸ 布団
- ❹ シーツ
- ❺ 授乳する
- ❻ ミルクをあげる
- ❼ おむつ
- ❽ おしり拭き
- ❾ おむつ替えマット

❶weather ❷sun ❸futon ❹sheet ❺breast-feed
❻bottle-feed ❼diaper ❽wipe ❾changing pad
❿ponytail ⓫pigtails ⓬hair tie ⓭T-shirt

まずは、1章に登場するさまざまな単語を見て、
「朝」のシーンのイメージをつかもう。

❿一つ結び
⓫二つ結び
⓬ヘアゴム
⓭Tシャツ
⓮幼稚園
⓯保育園
⓰帽子
⓱長袖シャツ
⓲服
⓳引き出し
⓴パジャマ
㉑半ズボン
㉒トレーナー
㉓靴

⓮kindergarten　⓯nursery school　⓰hat　⓱long-sleeve shirt
⓲clothes　⓳drawer　⓴pajamas　㉑shorts　㉒sweatshirt
㉓shoes

chapter ① 朝

1 目が覚める
😊 He wakes up.
（ウェイクサップ）

2 ぐずる
😊 He gets cranky.

3 抱き上げる
😊 I pick him up.
（ピッキマップ）

4 授乳する
😊 I breast-feed my baby.
（ブレストフィー）

5 ミルクをあげる
😊 I bottle-feed my baby.
（バトルフィー）

tips

❷ get ~ は「~（の状態）になる」。cranky は「不機嫌な」なので、get cranky で「不機嫌になる、ぐずる」という意味。
❹ breast-feed は「（赤ちゃんに）乳を飲ませる」。
❺ bottle-feed は「（赤ちゃんに）哺乳瓶でミルクを飲ませる」。

CD
01

6　背中をトントンする
😇 **I pat his back.**

7　ゲップをする
　　バープス
😊 **He burps.**

8　ミルクを吐く
　　スピッツアウト
😊 **He spits out some milk.**

9　しゃっくりをする
　　ヒカップス
😊 **He hiccups.**

10　くしゃみをする
😊 **He sneezes.**

❻ pat は「〜を（愛情表現として）軽くたたく」。
❼ burp は「ゲップをする」。
❽ spit out 〜 は「〜を（口の中のもの）を吐き出す」。
❾ hiccup は「しゃっくりをする」。
❿ sneeze は「くしゃみをする」。

😊 は子どもの動き　😇 は親の動きを表します

chapter ① 朝

11 口を拭いてあげる

🍪 **I wipe his mouth.**

12 布団に寝かせる

🍪 **I lay him on the futon.**

13 おむつ替えマットを敷く
　　　　　　　　チェインジンパッド
🍪 **I lay out a changing pad.**

14 おむつを替える
　　　　　　　ダイパー
🍪 **I change his diaper.**

15 脚をばたばたさせる

🍪 **He kicks his legs in the air.**

tips

⑫ lay は「〜を横たえる、寝かす」。futon はマットレス代わりの敷布団として、世界でも広く認知されるようになってきている。
⑬ lay out 〜 は「〜を広げる」。
⑭ diaper は「おむつ」。
⑮ kick 〜's legs in the air は「空中で脚をばたばたさせる」。

16 おしり拭きを用意する
👶 I get the wipes.
ゲッザ

17 おしりを拭いてあげる
👶 I wipe his bottom.

18 お姉ちゃん(お兄ちゃん)を起こす
👶 I wake up his sister (brother).
ウェイカップ

19 おねしょをする
👶 She wets her bed.
ウェッツ

20 シーツを替える
👶 I change the sheets.

⑯ wipeは「ウェットティッシュ」を指す言葉。赤ちゃんの口元やおしりを拭く物を特にbaby wipeと言うが、wipeだけでもよい。
⑰ このwipeは「〜を拭く、拭う」という動詞。
⑲ wet ~'s bedは直訳すると「〜のベッドをぬらす」、つまり「おねしょをする」という表現。

chapter ① 朝

21 天気を確認する
🗣 I check the weather.
　　チェックザ

22 引き出しから服を出す
🗣 I take her clothes out of the drawer.
　　　　　アウドブザ　　　　ドローア

23 着替えを手伝う
🗣 I help her get dressed.
　　　　　　　　ゲッドレスト

24 パジャマを脱がせる
🗣 I help her take off her pajamas.
　　　　　　テイコフ

25 パジャマをたたませる
🗣 I help her fold her pajamas.

tips

㉑ weather は「天気、天候」。
㉒ drawer は「引き出し、たんす」。take ~ out of ... は「…から~を取り出す」。
㉓ get dressed は「(服に)着替える、(服を)着る」。
㉔ take off ~ は「~(衣服・靴など)を脱ぐ」。take ~ off としてもよい。pajamas は「パジャマ」。パジャマは上下でひとそろえなので、複数形で使う。

26 Tシャツを着せる
😊 I help her put on her T-shirt.

27 ズボンをはかせる
😊 I help her put on her pants.

28 髪をしばってあげる
😊 I tie her hair up.

29 幼稚園に行く
🍪 She goes to kindergarten.

30 保育園を休む
🍪 She takes a day off from nursery school.

㉗ pants(ズボン)は、左右の脚を通すところをひとそろえと考え、複数形で使う。
㉘ tie ~'s hair up は「~の髪を結ぶ、アップにする」。
㉙「幼稚園」はkindergarten。
㉚ nursery school は「保育園」。親に代わって、昼間に乳幼児を一時的に預かって世話をするサービス全般は、day care や child care と言う。

chapter 1 朝

1 あ、起きたかな？

Oh, are you awake?

2 はいはい、おなかすいたのね。分かってますよ〜。

You're hungry, aren't you? I know.
（アーンチュー）

3 よく飲むねえ。

You're drinking a lot, aren't you?
（アロッ　アーンチュー）

4 ふわあ、寝不足だ……。

Oh, dear, I didn't get enough sleep.
（ディドゥンゲディナフ）

❶ awake は「目が覚めて」。Are you awake? で「目が覚めたのかな？」という語り掛けの表現になっている。
❷❸ You're hungry. や You're drinking a lot. のように、赤ちゃんの様子を表す表現に、付加疑問文..., aren't you? を付けると、「おなかがすいたのね」「たくさん飲んでるのね」と、語り掛けの表現になる。hungry は「おなかがすいた」。
❹ oh, dear は「あらまあ、やれやれ」と言いたいときに使う間投詞。「寝不足だ、あまりよく眠れなかった」は I didn't get enough sleep.。「よく眠れた」は I got a good night's sleep. や I slept like a baby. (赤ちゃんみたいに寝た) と言う。

5 うわ、おむつがパンパン。

Wow, your diaper is heavy.

6 おむつ替えるよ。

Let's change your diaper.

7 うんち出たかな？ ちょっと見せてね。

Have you done a poo-poo? Let's take a look.

8 出た、出た。おしり拭き拭きしようね。

Good for you. Let me wipe your bottom.

❺ diaperは「おむつ」。heavyは「重い」。Your diaper is heavy. で「おむつが（たくさん吸水して）重くなっている」と言っている。

❼ poo-pooは幼児語で「うんち」。同じく「おしっこ」はpee。どちらもそれぞれ「うんちをする」「おしっこをする」という動詞でもある。例）Do you want to pee?（おしっこしたいの？）

❽ Good for you. は「よかったね」と褒める表現。bottomは「おしり」の口語表現。

chapter 1 朝

---

9 そろそろお姉ちゃん（お兄ちゃん）起こさなきゃ。

It's time to wake up your sister (brother).

---

10 おはよう。起きる時間だよ！

Good morning. Time to wake up!

---

11 今日はご機嫌だね。

You're in a good mood today.

---

12 今日はご機嫌ナナメだなあ。

You're in a bad mood today.

---

❾It's time to ~ は「~する時間だ」。wake up ~ は「~を起こす」。
❿Time to ~ は It's time to ~ の it's を省略した表現で、意味は同じ。
⓫be in a good mood は「機嫌がよい」。付加疑問文..., aren't you?(p.20 ❷❸参照)を付けて、You're in a good mood today, aren't you? と笑いながら語り掛けてあげると、ますます赤ちゃんの機嫌もよくなることでしょう。
⓬be in a bad mood は「機嫌が悪い」。

13 あれ、おねしょしちゃった？

ディジューハヴァ
Oh, did you have a little accident?

14 大丈夫だよ。みんないつかしなくなるから。

ドウント　　　　　　　　　　　　　　*グロウザウトヴィッ*
Don't worry. Everybody grows out of it.

15 今日の天気、どうかなあ？

How's the weather today?

16 よかった、お日さまが出てる。

グレイト　　　　　　　　*アウト*
Great, the sun is out.

❸ Did you wet your bed?(おねしょをしたの？)(p.17 ⓭参照)と言うより、little accident(小さな事故、ちょっとした失敗)と言ってあげた方が、子どもの気持ちも軽くなることでしょう。

❹ Don't worry.は「心配しなくてもいいよ」。grow out of ~は「成長するにつれて(子どもじみた習慣などから)脱する」という意味。

❺ how's = how is。

❻ the sun is outは「お日さまが出ている」。

chapter 1 朝

17 公園に連れていこう。

I should take her to the park.
(シュッテイク)

18 雨が降りそう。

It looks like it's going to rain.
(イッルックス) (ゴウイントゥー)

19 今日は肌寒いから長袖着たほうがいいな。

It's chilly today. She should wear a long-sleeve shirt.
(シュドウェア)

20 今日は暑くなりそうだから肌着はいらないかな。

It's going to be hot today.
She won't need an undershirt.
(ハットゥディ)

⓱ should ~ は「~すべきだ」。take ~ to ... は「~を…に連れていく」。
⓲ It looks like it's going to ~. は「どうやら~になりそうだ」。例)It looks like it's going to snow.(どうやら雪になりそうだ)
⓳ chilly は「肌寒い」。「長袖の」は long-sleeved だけれど、一般的に long-sleeve shirt（長袖のシャツ）や、long-sleeve dress（長袖のワンピース）などと言う。
⓴ won't = will not。undershirt は「肌着」。

21 お洋服、自分で選ぶって言うかな？

Maybe she'll want to choose her own clothes.
（ワントゥー）

22 お着替えするよ。

Let's get dressed.
（ゲッドレスト）

23 今日は何を着ようか？

What do you want to wear today?
（ワッドゥー ワントゥー）

24 バンザイして。

Lift your arms.
（リフテュア）

㉑ maybe は「もしかすると」。Maybe she'll want to ~ は「彼女は~したいかもしれない」。choose ~'s own clothes は「自分で着る服を選ぶ」。

㉒ 子どもに何かをするよう促すときは、命令形よりも、Let's ~（~しよう）と声をかけた方が、柔らかい表現になる。

㉓ What do you want to ~? は「何を~したいですか？」と希望を聞く表現。例）What do you want to do today?（今日は何をしたい？）

㉔ Lift your arms. は「腕を上げて、バンザイして」。

chapter 1 朝

25 自分で着られる？
プティトオン
Can you put it on by yourself?

26 お手手はどこかな〜？
イジュアハンド
Where is your hand?

27 惜しい！ Tシャツが裏返しだよ。
オールモスト　　　ティーシャーティズインサイダウッ
Almost! Your T-shirt is inside out.

28 トレーナーが前と後ろ反対だよ。
スウェットシャート
Your sweatshirt is back-to-front.

㉕ put ~ on は「〜を着る」。by ~self は「自分だけで」。例）I can put it on by myself.（自分で着られるよ）
㉖ Where is ~? は「〜はどこですか？」。
㉗ Almost! は「惜しい！、あとちょっと！」。Close!（近い！、惜しい！）と言ってもよい。inside out は「(衣服が)裏返しに」。
㉘ sweatshirt は「トレーナー」。back-to-front は「(衣服が)前後ろ反対に」。

29 よくできたね！ 向きだけ変えようか。

Well done! Let's turn it the right way around.

ターニッ　　　　　　　　ライットウェイ

---

30 あれ、この半ズボンもう小さくなってる。

Oh, these shorts are too small.

---

31 子どもの成長は早いな。

The kids are growing up so fast.

グロウインガップ　　　ファスト

---

32 髪は一つ結び？　二つ結び？

Ponytail or pigtails?

㉙ Well done! は「よくやった！、さすが！」と褒める表現。turn ~ the right way around は「正しい向きに～を回転させる」。最初から間違いを指摘するより、まずは頑張りを褒めた上で、手を貸してあげたい。

㉚ shorts は「半ズボン」。pants と同じで必ず複数形。(p.19 ㉗ 参照)

㉛ grow up は「成長する」。

㉜ ponytail は「ポニーテール」。pigtail は直訳すると「豚のしっぽ」。pigtails と複数形で「二つ結び」という意味になる。

chapter ❶ 朝

33 どっちのヘアゴムがいい？ 赤、それとも青いの？

Which hair tie do you want? Red or blue?
（タイ）（ワン）

34 ちゃんと立っててね。すぐ終わるから。

Stand still, please. It won't take long.
（スタンスティル）（イッウォーンテイク）

35 はい、できたよ。

Here you are.

36 おしゃれさんだね！

You look smart!

㉝ hair tie は「ヘアゴム」。Which ~ do you want? は「どっちの〜がいい？」。
㉞ stand still は「じっと立っている」。ここでは命令形となっている。親が子どもに何かを言い付けるときにも、please（どうぞ、どうか）を付けることが多い。won't＝will not。take long は「時間がかかる」。
㉟ Here you are. は「はい、どうぞ」。さまざまな状況で使うことができる表現。
㊱ smart には「賢い」だけではなく「（服装など）身なりのきちんとした、こざっぱりした」という意味がある。pretty（かわいい）は外見を褒める言葉だが、smart を使うと、本人を引き立てる洋服の着こなしを褒める表現になる。

37 かっこいいね！
　　ルックール
You look cool!

38 ひえ〜！　もうこんな時間！
　　　　ルッカッザ
Oh, no! Look at the time!

39 今日はパパが幼稚園に連れていってくれるからね。
　　　　　テイキュー　　　　　　　キンダーガーデン
Daddy will take you to kindergarten today.

40 忘れ物はないかな？

Do you have everything?

㊲look cool は「かっこいい、キマっている」。身だしなみがキマっている、と褒めている。
㊳Oh, no! は「しまった！、うわあ！」など驚きを表す間投詞。
㊵Do you have everything? は「全部持ってる？、忘れ物はない？」。

chapter ① 朝

41 お靴履こうね。
ゲッチュアシューゾン
Let's get your shoes on.

42 帽子をかぶって。
プッチュア　　ハットン
Put your hat on.

43 準備完了。さあ、行こうか！
You're all set. Let's go!

44 いってらっしゃ〜い！
ハヴァ
Have a nice day!

㊶ get ~ on は「〜（衣服）を身に着ける」。
㊷ put ~ on も「〜（衣服）を身に着ける」。
㊸ all set は「準備が全て整っている、用意ができている」という意味。
㊹ 家族が交わす「いってきます」「いってらっしゃい」のような決まったあいさつは、英語には特にない。出掛ける方が Bye. と言えば、See you later.（後でね）や Have a nice day.（よい一日を）などと言う。Have a nice day. は店員が Goodbye. の代わりに言う言葉でもある。

CLOSE UP! 入れ替え表現 ①

1章で紹介した表現の中から、ほかの単語とも入れ替えて使える表現を一つご紹介します。下記は単語例です。繰り返し練習して使いこなせるようにしましょう。

今日は<u>肌寒い</u>。
It's <u>chilly</u> today. ➡p.24⑲

[単語例]

sunny	**cloudy**	**rainy**
晴れた	曇った	雨降りの
snowy	**windy**	**foggy**
雪の降る	風が強い	霧がかかった

[例文]

It's rainy today. I need a raincoat.
今日は雨降りだ。レインコートがいるな。

It's windy today. I should close the window.
今日は風が強いな。窓を閉めておこう。

上の単語は、p.24⑳「今日は<u>暑く</u>なりそうだ」(It's going to be <u>hot</u> today.) の hot とも入れ替えて使えます。

Quick Check

本章に出てきたフレーズを復習しましょう。以下の日本語の意味になるよう英文を完成させてください。答えはページの下にあります。

❶ 抱き上げる。 ➡P014
I ( ) him ( ).

❷ ゲップをする。 ➡P015
He ( ).

❸ 口を拭いてあげる。 ➡P016
I ( ) his ( ).

❹ おむつを替える。 ➡P016
I ( ) his ( ).

❺ 着替えを手伝う。 ➡P018
I ( ) her ( ) ( ).

❻ おはよう。起きる時間だよ！ ➡P022
Good morning. Time to ( ) ( )!

❼ 今日はご機嫌だね。 ➡P022
You're in ( ) ( ) ( ) today.

❽ 公園に連れていこう。 ➡P024
I should ( ) her ( ) the park.

❾ 雨が降りそう。 ➡P024
It ( ) ( ) it's going to rain.

❿ いってらっしゃ～い！ ➡P030
Have a ( ) ( )!

---

❶ pick/up　❷ burps　❸ wipe/mouth　❹ change/diaper　❺ help/get/dressed
❻ wake/up　❼ a/good/mood　❽ take/to　❾ looks/like　❿ nice/day

chapter 1 のフレーズを使った会話もチェックしてみましょう ➡P196へ！

chapter ② 散歩・公園

At the Park

晴れた日は、子どもと一緒に近所を散歩。
子どもは、外の世界が大好き。
自分で歩いたり、猫やちょうちょを見たり。
公園では、お友達と元気いっぱい走り回る。
子どもを追い掛けるママだっていい運動。
いっぱい遊んで、楽しい一日にしようね。

chapter ❷ 散歩・公園

Words 単語編

❶景色 ❷月 ❸星 ❹川 ❼公園 ❽ブランコ ❾滑り台 ❿ボール ⓫ばんそうこう ⓬ちょうちょ ⓭葉っぱ ⓮縄跳び

❶scenery ❷moon ❸star ❹river ❺sky ❻wind
❼park ❽swing ❾slide ❿ball ⓫Band-Aid ⓬butterfly
⓭leaf ⓮jump rope ⓯dog ⓰cat ⓱jungle gym
⓲shade ⓳bug spray ⓴sunscreen ㉑sandbox

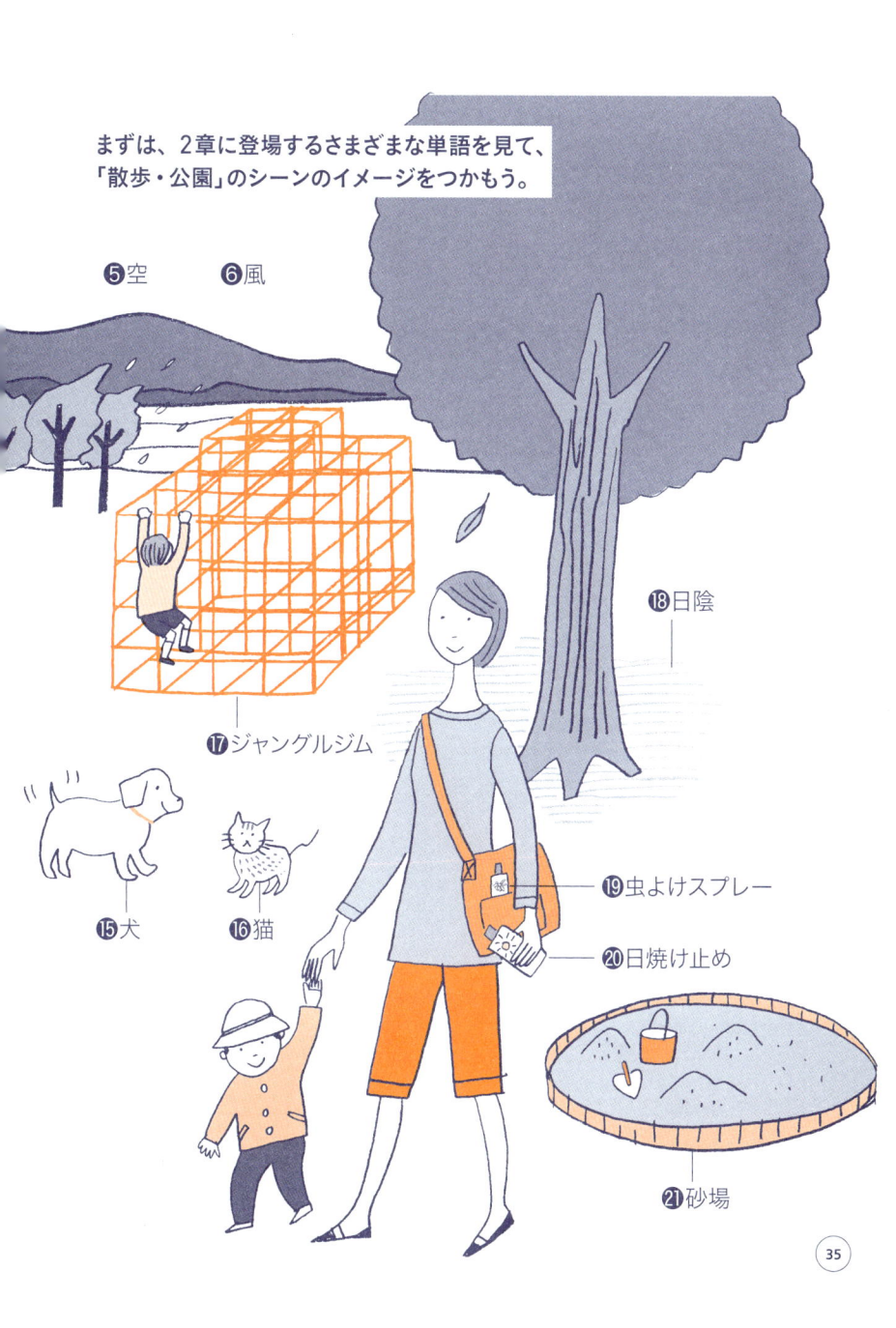

まずは、2章に登場するさまざまな単語を見て、
「散歩・公園」のシーンのイメージをつかもう。

❺空　❻風

⓱ジャングルジム

⓲日陰

⓯犬　⓰猫

⓳虫よけスプレー

⓴日焼け止め

㉑砂場

chapter ❷ 散歩・公園

> 1 散歩する
> **We go for a walk.**
> フォア

> 2 アンヨの練習をする
> **She tries to walk.**

> 3 川沿いを歩く
> **We stroll along the river.**
> アロンザ

> 4 風に吹かれる
> **We feel the wind.**

> 5 景色を楽しむ
> **We enjoy the scenery.**
> スィーナリー

tips
❶ go for a walk は「散歩に出掛ける、散歩する」。
❷ 英語には「アンヨ」のように、歩くことを指す幼児語は特にない。
❸ stroll は「ぶらつく、散歩する」。特に川べりや浜辺などに沿って散歩するときは、stroll along 〜と言うと、より情景が浮かんでくる言い回しになる。
❺ scenery は「景色」。

6　公園に行く
We go to the park.

7　お友達にあいさつをする
He says, "Hello," to his friends.

8　お友達と遊ぶ
He plays with his friends.

9　日焼け止めを塗ってあげる
プットサム
I put some sunscreen on him.

10　虫よけスプレーをしてあげる
I put some bug spray on him.

❼greetも「〜にあいさつをする」という言葉だけれど、「出迎えてあいさつする」という意味なので、外出先で「あいさつをする」と言いたいときは、say helloでよい。
❾sunscreenは「日焼け止め」。put ~ on ...は「...に〜を塗る」。
❿bug sprayは「虫よけスプレー」。

chapter ❷ 散歩・公園

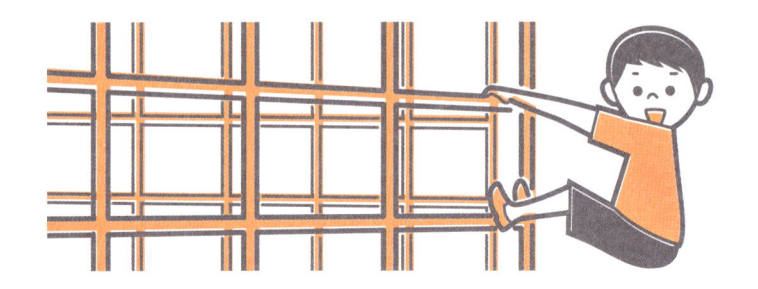

11 公園を走り回る
🍪 He runs around the park.
（アラウンザ）

12 転ぶ
🍪 He falls down.

13 膝を擦りむく
🍪 He scrapes his knee.
（スクレイプス）

14 慰める
🍪 I comfort him.

15 ジャングルジムに登る
🍪 He climbs on the jungle gym.
（クライムゾン）

tips
⓫ run around ~は「~を走り回る」。
⓬ fall down は「転ぶ」。
⓭ scrape は「~を擦りむく」。
⓮ comfort は「~を慰める、なだめる」。

CD 03

16 ブランコに乗る
🍪 He goes on the swing.
　　ゴウゾン

17 順番を待つ
🍪 He waits for his turn.

18 滑り台で遊ぶ
🍪 He goes on the slide.
　　ゴウゾン

19 砂遊びをする
🍪 He plays in the sandbox.
　　プレイズィン　　　　サンドバックス

20 お友達とおもちゃを一緒に使う
🍪 He shares his toys with his friends.

⑯ swing は「ブランコ」。
⑰ wait for ~'s turn で「～の順番を待つ」。
⑱ slide は「滑り台」。
⑲ sandbox は「砂場」。
⑳ share ~ with ... は「～を…と一緒に使う、共同で使う」。

chapter ❷ 散歩・公園

21 縄跳びをする
😊 **He jumps rope.**
（ロウプ）

22 ボールを蹴る
😊 **He kicks the ball.**

23 キャッチボールをする
😊😄 **We play catch.**
（キャッチ）

24 かくれんぼをする
😊😄 **We play hide-and-seek.**
（ハイダンシーク）

25 落ち葉を拾う
😊 **He picks up some leaves.**

tips
㉑ jump rope は「縄跳びをする」。縄跳び自体も jump rope と言う。
㉓ play catch は「キャッチボールをする」。
㉔ play hide-and-seek は「かくれんぼをする」。
㉕ leaf（葉）の複数形は leaves。

26 手をつないで一緒に歩く
🍪 He walks beside me, holding my hand.
　　　　　ビサイド

27 家に帰る
🍪 We go home.
　　　　ホウム

28 空を見上げる
🍪 We look up at the sky.

29 星を探す
🍪 We look for some stars.

30 月を眺める
🍪 We gaze at the moon.
　　　ゲイザッザ

㉖ walk beside ~ は「~と並んで歩く」。
㉗ go home のように「家に帰る」と言うときの「家」は、houseではなくhome を使う。
㉘ look up at ~ は「~を見上げる」。
㉚ gaze at ~ は「~をじっと眺める」。

chapter ❷ 散歩・公園

1　さあ、行こうか。

Shall we get going?
（ゲッゴゥイン）

2　朝は涼しいな〜。

It's nice and cool in the mornings.
（ナイサンクール）

3　今日はあったかいな〜。

It's warm today.
（ウォーム）

4　自分で歩きたいの？

Do you want to walk by yourself?
（ワントゥー）

❶Shall we ~?は「〜しましょうか」と申し出たり、提案したりする表現。get goingは「出発する、出掛ける」。
❷nice and coolは「快適に涼しい、心地いい涼しさ」。morningsと複数形にすることで、今朝だけではなく「朝はいつも、毎朝」という意味になる。
❹walk by yourselfは「自分で歩く」。by ~selfは「自分だけで、独力で」という意味。
(p.26 ㉕参照)

5　イチニ、イチニ。アンヨは上手!

One, two. One, two. Wow, you're such a good walker!
　　　　　　　　　　サッチャグドウォーカー

6　だいぶ歩けるようになったなあ。

She's really starting to walk.
　　　　　スターティントゥー

7　もう少しいろいろやらせてあげよ。

I should let her do more things.
　　シュドレトハー

8　見て!　にゃんにゃんがいるよ。

Look! There's a cat.
　　　　　ゼアザキャッ

❺such a good ~ は「とても素晴らしい~」という表現。walker は「歩く人」。You walk so well.(歩くの上手だね)と言ってもいいけれど、アンヨの練習をしている子どもを、あえて「歩く人」として褒めるのも楽しい。
❻start to ~ は「~し始める」。really(本当に)が starting to walk(歩き始めている)を強調して、「本格的に歩くようになってきた」という表現になっている。
❼should は「~すべきだ」。let ~ do で「~にさせてあげる」。

chapter ❷ 散歩・公園

9 かわいいわんわんだよ。

Look at that nice dog.
(ルッカッザッ / ドーッグ)

10 ブーブーだよ。

There goes a car.
(ゴウザ)

11 あれは何かな？

What's that?
(ザッ)

12 あ、ちょうちょが飛んでるね。

Oh, there's a butterfly flying.
(バタフライ)

❾この nice は「かわいい、すてきな」という意味。犬の飼い主に聞こえることも多少意識して、このように子どもに言うことが多い。
❿ There goes ~ は「~があっちに行ったよ、ほら~だよ」と、通り過ぎていくある物に、注意を向けさせる表現。
⓫ What's that? は「あれは何？」。
⓬ butterfly は「ちょうちょ」。

13 川沿いは気持ちいい〜！

ウォーキンアロンザ
I love walking along the river!

14 たまには景色も楽しまなきゃね。

スィーナリー　　フォア
I should enjoy the scenery for a change.

15 公園に誰かいるかな。

アッザ
I wonder if there's anybody at the park.

16 見て、お友達が来てるよ。

フレンザー
Look, your friends are here.

❸川沿いなどを歩いていて、「気持ちいい〜！」と言いたいときは、It feels great.（気持ちいい）でもOKだが、I love 〜ing（〜するのが大好きだ）と言うと、より気持ちがこもる。

❹enjoy the scenery は「景色を楽しむ」。for a change は「たまには、珍しく」や「気分転換に、息抜きに」という意味。

❺I wonder if 〜 は「〜かしら（と思う）」。anybody は「誰か」。

chapter ❷ 散歩・公園

17 「こんにちは」は？

Say, "Hello."

18 「いーれーて」って言ってみようか。
キャナイ
Let's say, "Can I play?"

19 帽子持ってくるんだった！
ブロゥタハッ
I should have brought a hat!

20 日陰が欲しい〜！
ニートゥー
I need to be in the shade!

❶❽子どもに、あいさつやお礼などを言うよう促すには、Say 〜（〜と言いなさい）やLet's say 〜（〜って言おうか）などと言う。Can I play?は、ここでは「私も遊んでもいい？」つまり、「（遊び・仲間に）いれて」という表現。
❿broughtはbring(持ってくる)の過去分詞。should have ＋過去分詞で、「〜するべきだった」と、実現しなかったことに対する残念な気持ちを表す。
⓴need to 〜は「〜しなければならない」。in the shadeは「日陰に、木陰で」。

21 日焼け止め、塗っておこうね。

Let's put some sunscreen on.
(サンスクリーノン)

22 走り回るだけでも、子どもは楽しそうだな。

Kids have fun just running around.
(ラニンガラウン)

23 おーい、休憩しようよー！

Hey, let's take a break!
(テイカブレイク)

24 はあ、いい運動になるわ。

Phew, this is great exercise.
(エクササイズ)

㉒ kids は「子どもたち」。have fun は「楽しい時間を過ごす、楽しむ」。run around は「走り回る」。

㉓ hey は「ねえ、ちょっと」と注意を引くための呼び掛け。take a break は「休憩する、一休みする」。

㉔ phew は、ほっとしたとき、一息つくときなどに言う「ふう、はあ」。exercise は「運動、体操」。

chapter ❷ 散歩・公園

25 転んだの？ おいで。大丈夫？

Did you fall down? Come here. Are you all right?
(ディジュー / オーライト)

26 痛いところママに見せて。

Show me where it hurts.
(ウェアイトハーツ)

27 いたいのいたいのとんでけー！

Pain, pain, go away.

28 ばんそうこう貼ろうね。

Let's put a Band-Aid on.
(プッタ / バンデイドン)

㉕ fall down は「転ぶ」。(p.38 ⓬参照) Come here. は「こっちにおいで」。
㉖ show ~ ... は「~に…を見せる」。hurt は「痛む」。
㉗ pain は「痛み」。Go away. で「どこかへ行け」と命令している。Pain, pain, go away. は、詩や歌詞などに使われるフレーズではあるものの、日本の「いたいのいたいのとんでけ」のように、一般に浸透している表現、というわけではない。ここではマザーグースの歌『Rain, Rain, Go Away』の替え歌にしている。
㉘ Band-Aid は「ばんそうこう」。Band-Aid はジョンソン・アンド・ジョンソン社の登録商標だが、アメリカでは、ばんそうこう＝バンドエイド。

29 ブランコしたいの？

Do you want to go on the swing?
(ワントゥー)

30 順番だよ。

Let's take turns.
(テイッターンズ)

31 だいぶお友達と仲良く遊べるようになってきたな。

He's starting to play well with other children.

32 「貸ーしーて」って言ってみようか。

Ask, "Can I use it?"
(キャナイユーズィット)

❷⓽ go on the swing は「ブランコに乗る」。
❸⓪ turn は「順番、番」。take turns は「順番に代わる」。「順番を待ちなさい」は Wait for your turn. と言う。
❸⓵ 日本語では初対面の子どもでも「お友達」と言うが、英語では other children（ほかの子ども）でよい。
❸⓶ Can I use it? で「使ってもいい？、貸して」。

chapter ❷ 散歩・公園

33 「どうぞ」ができるようになってきたな。

He's getting better at sharing.

34 あっ、コラ！ けんかしないよ。

Hey! No fighting.

35 まだ目が離せないなあ。

I still can't take my eyes off him.

36 見て！ 落ち葉があるよ。

Look! Fallen leaves.

❸❸ get better at ~ は「~するのがうまくなる」。share は「(人に)使わせる、共同で使用する」。日本語の「『どうぞ』ができるようになる」は、人に物を貸したり、一緒に使ったりすることができるようになる、という意味と捉え、get better at sharing という表現になっている。

❸❹ ここの Hey! は注意を引くだけではなく、「コラ！」と叱っている。

❸❺ still は「まだ、いまだに」。take my eyes off ... は「…から目を離す」。

❸❻ fallen leaves は「落ち葉」。

37 葉っぱがいろんな色できれいだよ。

ルッカッザ　　　　　　　　　　　　カラードリーヴズ
Look at the beautiful colored leaves.

38 赤い葉っぱ、きれいだね。

イザ　　　　　　　レッドリーフ　　　イズンティッ
This is a nice red leaf, isn't it?

39 触ってみる？

ワントゥータッチイッ
Do you want to touch it?

40 季節が変わるのは早いなあ。

The seasons pass by so quickly.

❸ colored leaves は「紅葉、色付いた葉」。「紅葉」は autumn leaves とも言う。
❸ この nice は「きれいな」という意味。
❸ touch は「〜を触る」。
❹ season は「季節」。pass by は「過ぎ去る」。quickly（早く）に so（とても、非常に）を付け加えることで、「あまりに早く」という意味を込めることができる。

chapter ❷ 散歩・公園

41 来年の今ごろはもっと大きくなってるんだろうな。

They will have grown up so much by this time next year.
（グロウンナップ／ネクスティアー）

42 そろそろおうちに帰る時間だよ。

It's time to go home.

43 夕焼け空がきれいだよ。

Look at the beautiful orange sky.
（ルッカッザ）

44 星が見えるかな？

Can you see the stars?

---

❹ will have＋過去分詞で、未来のある時点での、結果の状態を表す。this time next year（来年の今ごろ）という未来の時点までには、they will have grown up so much（ずいぶん大きくなっていることだろう）と言っている。

❸ Look at the beautiful sunset.（夕焼けがきれいだよ）でもOKだが、ここではより具体的に、orange sky（オレンジ色に染まった空）と言っている。

45 きれいな月だね！

ワダ
What a beautiful moon!

46 今日は楽しかったね。

ハダロドブ　　　　　　　　　　　*ディドゥンウィー*
We had a lot of fun today, didn't we?

㊺ What a beautiful ~! は「何てきれいな〜！」。
㊻ have a lot of fun は「大いに楽しむ」。

親だっていろいろある！つぶやき表現 番外編

[子育ての悩み編] DL MP3_01

子どもはかわいいと分かっていても、
親だっていろいろとぼやきたいことがあるのです。
このページでは、本編で紹介しきれなかった
「子育ての悩み」にまつわる表現をご紹介します。

---

(1) 育児ってこんなに手が掛かるとは思わなかった。
I never thought raising a child would be so much work.

---

(2) 子どもと家にいる毎日だと、どんどん世間から取り残されていくみたい。
**When I stay home with this small child all day,
I feel out of touch with the rest of the world.**

※out of touch with ~ : ~から離れて

---

(3) 子どもにキレちゃった。ああ後悔……。
I yelled at him. I hate doing that.

※yell：怒鳴る

---

(4) ほんと、怒らせるツボを心得てるよ。
He sure knows how to push my buttons.

※push ~'s button：~を怒らせる

---

(5) 何度言ったら直るんだろう？　もういい加減、うんざり。
How many times do I have to nag him? I am so sick of doing it.

※nag：~にうるさくする　　be sick of ~：~にうんざりしている

(6) なんでいつも私ばっかり責められるの？

Why is it always my fault?

※fault：責任

---

(7) パパ、ここんとこ毎日午前様だよ。

He has been coming home after midnight every night.

---

(8) また子どもの前で夫婦げんかしちゃった。

We argued right in front of the children again.

---

(9) どうしてもおねしょが治らない。夜中にまでトイレに行かせてるのに……。

We take her to the bathroom during the night, but she still wets her bed.

---

(10) あんなに引っ込み思案で、幼稚園に行くようになったら大丈夫かしら。

She's so shy. I hope she'll be OK at kindergarten.

---

(11) こんなに小さいのにもう登園拒否なんて！

She's so little and she's already refusing to go to kindergarten!

※refuse：拒む

---

(12) 子どもにとって社会がもっと安全だったらいいなあ。

I wish society were safer for children.

---

(13) じいじとばあばは欲しがる物を何でも買ってやっちゃうんだから。

Grandpa and Grandma buy him anything he wants.

Quick Check

本章に出てきたフレーズを復習しましょう。以下の日本語の意味になるよう英文を完成させてください。答えはページの下にあります。

❶散歩する。 ➡P036
We go ( ) ( ) ( ).

❷日焼け止めを塗ってあげる。 ➡P037
I ( ) some ( ) on him.

❸公園を走り回る。 ➡P038
He ( ) ( ) the park.

❹ジャングルジムに登る。 ➡P038
He ( ) ( ) the jungle gym.

❺お友達とおもちゃを一緒に使う。 ➡P039
He ( ) his toys ( ) his friends.

❻星を探す。 ➡P041
We ( ) ( ) some stars.

❼帽子持ってくるんだった！ ➡P046
I ( ) ( ) ( ) a hat!

❽おーい、休憩しようよー！ ➡P047
Hey, let's ( ) ( ) ( )!

❾順番だよ。 ➡P049
Let's ( ) ( ).

❿まだ目が離せないなあ。 ➡P050
I still can't ( ) my eyes ( ) him.

---

❶ for/a/walk ❷ put/sunscreen ❸ runs/around ❹ climbs/on ❺ shares/with ❻ look/for
❼ should/have/brought ❽ take/a/break ❾ take/turns ❿ take/off

chapter 2 のフレーズを使った会話もチェックしてみましょう ➡P198へ！

chapter ③
レジャー
Leisure

休みの日は、家族で動物園にお出掛け。
さあ、パパの出番です。
肩車をしてもらったり、膝に乗ったり、
子どもはパパに甘えん坊。
初めての体験をたくさんして、
家族の思い出、できたかな?

chapter ❸ レジャー

Words 単語編

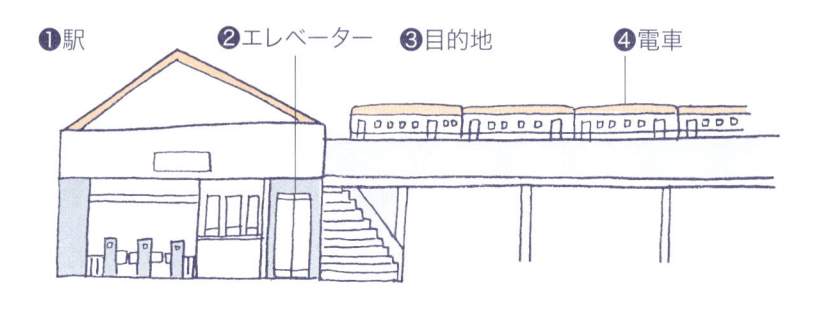

❶駅　❷エレベーター　❸目的地　❹電車
❺スマートフォン　❻写真　❼抱っこひも
❽ベビーカー　❾車　❿チャイルドシート
⓫シートベルト

❶station　❷elevator　❸destination　❹train　❺smartphone
❻picture　❼baby-carrier　❽stroller　❾car　❿car seat
⓫seat belt　⓬nursing room　⓭zoo　⓮theme park　⓯aquarium

まずは、3章に登場するさまざまな単語を見て、
「レジャー」のシーンのイメージをつかもう。

⑫授乳室　⑬動物園　⑭テーマパーク　⑮水族館　⑯肩車　⑰動物　⑱哺乳瓶　⑲粉ミルク　⑳お弁当　㉑ベンチ　㉒おかず　㉓おにぎり　㉔レストラン　㉕お土産　㉖ばあば　㉗じいじ

⑯shoulder ride　⑰animal　⑱bottle　⑲formula　⑳boxed lunch
㉑bench　㉒side dish　㉓rice ball　㉔restaurant　㉕souvenir
㉖grandma　㉗grandpa

chapter ❸ レジャー

1 子連れで行きやすい場所か確認する
😊 **I check to see if the destination is kid-friendly.**
(デスティネィション)

2 お出掛けの準備をする
😊 **I get ready for an outing.**
(ゲッレディ) (アンナウティン)

3 おむつを余分に用意する
😊 **I pack extra diapers.**
(ダイパーズ)

4 哺乳瓶と粉ミルクを用意する
😊 **I pack a bottle and formula.**
(バトル)

5 お弁当を作る
😊 **I make a boxed lunch.**
(メイカ) (ボックスランチ)

tips

❶ destination は「目的地」。kid-friendly は「子連れで行きやすい」。family-friendly(家族連れで行きやすい)とも言う。
❷ outing は「外出、お出掛け」。
❹ bottle は「哺乳瓶」。formula は「(乳幼児用)粉ミルク」。
❺ 「お弁当」は boxed lunch。

6　お弁当箱におかずを詰める
😊 I put a variety of side dishes in the lunch box.
プッタ　　　　　　　　サイディシュイズ

7　抱っこひもで抱っこする
😊 I use a baby-carrier.
ユーザ

8　ベビーカーに乗せる
😊 I put her in the stroller.
プトハー　　　　　　ストロウラー

9　ベビーカーから降ろす
😊 I get her out of the stroller.
ゲトハー　　アウドブザ　　ストロウラー

10　駅でエレベーターを探す
😊 I look for the elevator at the station.
アッザ

❻「弁当箱」はlunch box。お弁当にちょこちょこ詰める「おかず」はside dishと言う。
❼ baby-carrierは「抱っこひも」。
❽❾一般的な「ベビーカー」はstroller。タイヤの大きい、がっしりしたタイプのものはbuggyとも言う。
❿ elevatorは「エレベーター」。stationは「駅」。

🍪 は子どもの動き　😊 は親の動きを表します

chapter ❸ レジャー

11 電車に乗る
We get on the train.
ゲドン

12 靴を脱がせる
I take her shoes off.
シューゾフ

13 車に乗る
We get in the car.
ゲディン

14 チャイルドシートに乗せる
I buckle her into the car seat.
バックル

15 ドアをロックする
I lock the door.

tips
⓫ get on ~は「～(バス・電車などの乗り物)に乗る」。
⓭ get in ~は「～(車などの乗り物)に乗る」。
⓮ buckle ~ into ...は「～を…に乗せてシートベルトを締める」。
⓯ lock は「～をロックする」。

> 5　車で行こうか、電車で行こうか。
>
> **Should we drive or take the train?**
> シュドゥイー

> 6　車の方が楽かな。
>
> **It's easier to drive.**
> イッツィーズィアー

> 7　電車の方が早いかな。
>
> **We can get there faster if we take the train.**
> ゲッゼア　　　　　　　　　　テイッザ

> 8　スマホで行き方チェックしとこ。
>
> **I'll check how to get there on my smartphone.**
> ゲッゼア

❺Should we ~ or ...?は、「私たちは～すべきか、それとも…すべきだろうか？」と、二つの選択肢の間で迷うときの表現。
❻easier は easy の比較級で「より簡単、より楽」という意味。
❼We can ~ if we ... で「…すれば、～することができる」。get there faster で「そこ（目的地）により早く到着する」。
❽smartphone は「スマートフォン」。

chapter ③ レジャー

9　ほら、電車が来るよ！

Here comes the train!

10　ぐずってきたな。パパに抱っこしてもらおう。

Someone's getting cranky. I'd better ask Daddy to carry him.

11　え、席譲ってくれるの？　何て優しい！

Oh, are you offering me your seat? How kind!

（スィーツ／カインド）

12　人の親切が身に染みる……。

I'm so touched by people's kindness ...

（タッチトバイ）

❾ here comes ~ は「ほら、～が来るよ」。
❿ someone's ~ は「誰かさんが～だ」。I'd(=I had) better ~ は「～した方がいい」。
⓫ offer ~ ...'s seat は「～に…の席を譲る」。How kind! は「何て親切な！、何て優しい！」。
⓬ touched by ~ は「～に心を打たれる、感動する」。kindness は「親切な行為」。

13 子育て中は車があると便利だね。

Cars are so convenient when you have kids.
(コンヴィーニエント)

14 さあ乗って。

Come on, get in the car.
(カモン) (ゲディン)

15 チャイルドシート座らないと、行かないよ〜！

Sit in the car seat, or we're not going.
(スィディン)

16 もう少しだよ。

We're almost there.
(オールモスゼア)

⓭ convenient は「便利な」。
⓮ Come on は「さあさあ、早く」と人を促す表現。
⓯ 〜(命令文), or ...は「〜しなさい。さもないと...」という構文。直訳すると「チャイルドシートに座りなさい。さもないと行きませんよ」。
⓰ この almost there は「目的地にもう少しで到着する」。

chapter ❸ レジャー

17 着いたよ。さあ車から降りるよ。

Here we are. Let's get out of the car.
(ゲダウドブ)

18 静かにできて偉かったね。

Well done for being quiet.
(クワィエット)

19 週末の動物園は混んでるなあ。

Zoos are so crowded on weekends.

20 ペンギンに癒やされる〜。

Watching penguins is relaxing.
(ペングウィンズ)

⓱ Here we are. は「さあ、着いたよ」。get out of ~ は「~(車などの乗り物)から降りる」。
⓲ Well done for ~ は「~できて偉かったね」と褒める表現。
⓳ crowded は「混雑した」。on weekends は「週末は」。
⓴ この文では、watching penguins(ペンギンを見ること)が主語になっている。relaxing は「くつろがせる、リラックスさせる」。

CD 05

16 シートベルトを締める
🧒 I secure the seat belt.
　　　　　スィートベルト

17 車を運転する
🧒 I drive the car.

18 動物園に行く
👶
🧒 We go to the zoo.

19 水族館に行く
👶
🧒 We go to the aquarium.

20 テーマパークに行く
👶
🧒 We go to the theme park.
　　　　　　　　スィーム

⓰ secure は「〜をしっかり締める」。
⓲ zoo は「動物園」。
⓳ aquarium は「水族館」。
⓴ theme park は「テーマパーク、遊園地」。

chapter ③ レジャー

21 パパに抱っこをねだる

She asks Daddy to carry her.

22 お昼を食べる

We eat our lunch.
（イータワ）

23 膝に座らせる

I have her sit on my lap.
（スィドン）

24 園内を見て回る

We take a look around the park.
（テイカ）（アラウンザ）

25 授乳室に行く

We go to the nursing room.
（ナーシンルーム）

tips
㉑ ask ~ to …は「～に…するようお願いする」。
㉓「膝に乗る、膝枕をする」の膝はlap。「膝小僧」の「膝」はknee。
㉔ take a look around ~は「～を一通り見て回る」。
㉕ nursing roomは「授乳室、ベビー休憩室」。nursingは「授乳用の」という意味。

26 写真を撮る
We take pictures.
テイクピクチャーズ

27 お土産を買う
We buy souvenirs.
スーベニアーズ

28 疲れる
She gets tired.

29 うとうとする
She starts to nod off.
ノドフ

30 楽しい思い出がたくさんある
We have lots of happy memories.
ロッツォブ

㉖ take pictures は「写真を(何枚か)撮る」。
㉗ souvenir は「お土産」。
㉙ start to ~ は「~し始める」。(p.43 ❻参照) nod off は「うとうとする、こっくりする」。
㉚ have lots of memories は「思い出がたくさんある」。

chapter ③ レジャー

1 今日は家族でお出掛けしよう。

Let's go on a family outing today.
オナ　　　　　　　アウティン

2 お昼はおにぎりにしようっと。

I'll make rice balls for lunch.

3 おかずは何にしよう。

What side dishes should I make?
サイディシュイズ　　　　シュダイ

4 ベビーカーで入れるレストランはあるかな？

Are there any restaurants that I can go in with a stroller?
ウィザ　ストロウラー

❶go on a ~は「~（旅行や出張など）に行く」。family outingは「家族でのお出掛け」。
❷I'll = I will。rice ball は「おにぎり」。
❸お弁当の「おかず」は、何種類かの総菜を少しずつ詰めることから、ご飯をmain dish と捉え、side dish（付け合わせ）という言い方をする。
❹restaurant は「レストラン」。go in with a stroller で「ベビーカー（に子どもを乗せた状態）でそのまま入る」。

21 わ〜、大きい象さんだよ〜！

Oh, look at that big elephant!
（ルッカッザッ）（エレファント）

22 ほら、パパが肩車してくれるよ。

Come on, Daddy will give you a shoulder ride.
（カモン）（ギヴユー）

23 見える？ 初めて見たね。

Can you see? It's your first time.
（ファースタイム）

24 動物好きはパパに似たのかなあ。

He loves animals. He must take after his father.
（マステイク）

㉒ give ~ a shoulder ride は「〜を肩車する」。
㉓ first time は「初めての経験」。「象を見るのは初めてだね」は、It's the first time you've seen an elephant.。
㉔ この must は「きっと〜だろう」という推量。take after ~ は「〜譲り、〜に似ている」。

chapter ③ レジャー

25 お昼食べよっか。
Let's eat lunch.

26 あそこのベンチに座ろう。
スィドン
Let's sit on the bench over there.

27 しまった！ お食事エプロン忘れた。
フォガットゥ
Oh, no! I forgot to bring his bib.

28 服がご飯だらけだけど、まあいっか。
His clothes are covered with food,
バッザッツォウケイ
but that's OK.

㉕Let's eat.(さあ、食べようか)だけでもよい。
㉖over there は「あそこに、向こうに」。
㉗Oh, no!は「しまった！」。(p.29㊳参照)forget to ~ は「~するのを忘れる」。bib は「食事用エプロン」のほか、「よだれ掛け、スタイ」を指す。
㉘covered with ~ は「~で覆われている、~まみれ」。that's OK は「それでもいい、構わない」。

29 あら、パパのお膝いいわね～！

Oh, you're on Daddy's lap. How nice!

30 外で食べるのっておいしい～！

Everything tastes better when you eat outside!
　　　　　　　　　イータウサイド

31 そろそろおむつ替えとこうかな。

I should change his diaper.
　　　　　　　　　　　ダイパー

32 授乳室はどこだろう。

Where is the nursing room?
　　　　　　ナーシンルーム

㉙ lap は「膝」。(p.64 ㉓参照)
㉚ taste better は「よりおいしくなる」。when you eat outside は「外で食べると」。
㉜ nursing room は「授乳室、ベビー休憩室」。(p.64 ㉕参照)

chapter 3 レジャー

33 よし、みんなで写真撮ろっか。
OK, let's take a picture together.
（テイカ）

34 こっち見て〜！
Look over here!
（ルッコウヴァー）

35 お、いい感じ。よく撮れてる！
Oh, this is nice. What a good picture!
（ワダグッピクチャー）

36 じいじとばあばに送ってあげようっと。
I'll send this one to his grandpa and grandma.
（アン）

㉝ take a picture together は「一緒に写真を撮る」。
㉞ over here は「こちらへ」。人の注意をこちらに向けたいときの表現。
㉟ What a ~! は「何て〜だろう！」。
㊱ grandpa（おじいちゃん）は grandfather（祖父）の口語表現。同じように grandma（おばあちゃん）は grandmother（祖母）のこと。

37 家族で出掛けるの、久しぶりだったなあ。

We hadn't been out together as a family for a while.

38 出掛けてよかった。

I'm so glad we went out.

39 お、そろそろ眠そう……。

Uh-oh, he's getting sleepy.

40 結構歩いたもんね。

He did a lot of walking today.

㊲ hadn't = had not。We have not been out together for a while.（しばらく一緒に出掛けていない）という状況だったけれど、こうして今日出掛けたので、had not been out と過去完了形にしている。

㊳ glad は「満足して、うれしい」。go out は「出掛ける、外出する」。

㊴ get sleepy は「眠くなる」。

㊵ do a lot of ~ing は「たくさん～（活動）をする、ずいぶん～をする」。例）She did a lot of crying today.（今日はずいぶん泣いたな）

chapter ③ レジャー

41 今日お昼寝してないし。

He missed his nap today.
(ナップトゥデイ)

42 疲れるのも無理ないね。

No wonder he looks so tired.

43 寝ちゃったかな?

Is he asleep?

44 ふう、子連れのお出掛けもエネルギーがいるな。

Phew, going out with kids is exhausting.
(ゴウインガウト) (イグゾースティン)

㊶ miss は「〜を逃す」。nap は「お昼寝」。
㊷ no wonder 〜 は「〜なのも無理ない、道理で〜なわけだ」。tired は「疲れた」。
㊸ asleep は「眠っている」。
㊹ exhausting は「心身を疲れさせる、体力を消耗する」。going out with kids(子どもと一緒に出掛けること)が主語になっている。

45 でも、これもまたいい思い出か。
But I'll remember these happy days, I suppose.

46 また来ようね。
シュッカマゲン
We should come again.

㊺ remember は「〜を覚えている」。these happy days は「こうした楽しい日々」。I suppose 〜 は「〜と思う、〜なのだろう」という意味で、文の頭や終わりで使うことができる。例) I suppose she was sleepy.(眠かったんだろうと思う)
㊻ come again は「また来る、再訪する」。

Quick Check

本章に出てきたフレーズを復習しましょう。以下の日本語の意味になるよう
英文を完成させてください。答えはページの下にあります。

❶お出掛けの準備をする。 ➡P060
I get (　　　　) for an (　　　　).

❷ベビーカーに乗せる。 ➡P061
I (　　　　) her (　　　　) the stroller.

❸ベビーカーから降ろす。 ➡P061
I (　　　　) her (　　　　) (　　　　) the stroller.

❹電車に乗る。 ➡P062
We (　　　　) (　　　　) the train.

❺園内を見て回る。 ➡P064
We (　　　　) (　　　　) (　　　　) around the park.

❻疲れる。 ➡P065
She (　　　　) (　　　　).

❼うとうとする。 ➡P065
She starts to (　　　　) (　　　　).

❽スマホで行き方チェックしとこ。 ➡P067
I'll check (　　　　) (　　　　) get there on my smartphone.

❾ほら、電車が来るよ！ ➡P068
(　　　　) (　　　　) the train!

❿もう少しだよ。 ➡P069
We're (　　　　) (　　　　).

---

❶ ready/outing　❷ put/in　❸ get/out/of　❹ get/on　❺ take/a/look　❻ gets/tired
❼ nod/off　❽ how/to　❾ Here/comes　❿ almost/there

chapter 3 のフレーズを使った会話もチェックしてみましょう ➡P200へ！

chapter ④
食事
Mealtime

乳幼児の食事は、とにかく目が離せない。
頑張って離乳食を作れば、お茶わんをひっくり返す。
好き嫌いが多かったり、食が細かったり。
怒ったり、励ましたり、食べて見せたり。
でも、栄養が取れていればいいよね。みんなで食べるとおいしいよ。

chapter ❹ 食事

Words 単語編

- ❶ 冷蔵庫
- ❷ 残り物
- ❸ 食料品
- ❹ 牛乳
- ❺ 調味料
- ❻ 箸
- ❼ 食事用クッション
- ❽ 皿
- ❾ 野菜

まずは、4章に登場するさまざまな単語を見て、
「食事」のシーンのイメージをつかもう。

❶refrigerator/fridge ❷leftovers
❸groceries ❹milk ❺seasoning
❻chopsticks ❼booster seat
❽dish/plate ❾vegetables ❿meal
⓫grown-up ⓬tea ⓭miso soup
⓮frozen rice ⓯baby food
⓰rice porridge ⓱bib ⓲high chair
⓳fork ⓴spoon ㉑beans ㉒tofu
㉓table

❿食事　⓫大人
⓬お茶
⓭みそ汁
⓮冷凍ご飯　⓯離乳食　⓰おかゆ
⓱食事用エプロン
⓲ハイチェア
⓳フォーク
⓴スプーン
㉑豆　㉒豆腐
㉓テーブル

chapter ❹ 食事

1 冷蔵庫を開ける
😊 I open the **refrigerator**.
リフリジレイター

2 食事を作る
😊 I **prepare** a meal.
プリペアラミール

3 食材を宅配してもらう
😊 I have the **groceries** delivered.
グロサリーズ

4 離乳食を作る
😊 I **make some** baby **food**.
メイクサム　　　　フード

5 おかゆを作る
😊 I make some rice **porridge**.
ポゥリッジ

tips

❶ refrigerator は「冷蔵庫」。
❷ prepare は「〜の支度をする、調理する」。
❹ 日本でベビーフードと言えば主に加工食品を指すが、英語のbaby food には製法の区別はなく、homemade baby food（自家製ベビーフード）、pre-made baby food（市販のベビーフード）などと言う。

6 野菜を細かく切る
😊 I cut the vegetables into small pieces.
カッザ

7 じゃがいもをつぶす
😊 I mash the potato.
マッシュドゥ

8 軟らかくなるまで煮る
😊 I boil the food until tender.

9 味を調える
😊 I add some seasoning.
アドサム　スィーズニン

10 テーブルにお皿を並べる
😊 I place the dishes on the table.
ディッシュイズ

❻ cut ~ into small pieces は「〜を細かく切る」。
❼ mash は「〜をすりつぶす」。
❽ tender は「（食べ物などが）柔らかい、楽にかめる」。
❾ seasoning は「調味料」。
❿ place は「〜を（適切な場所に）置く、並べる」。

😊 は子どもの動き　😊 は親の動きを表します

chapter ④ 食事

11 子どもの分を取り分ける
🍽 I dish out the food into his bowl.
(ディッシャウッザ / ボウル)

12 食事を冷ます
🍽 I let the food cool.
(フードクール)

13 食事用エプロンをする
🍽 I put a bib on him.
(プッタ ビボン)

14 ハイチェアに座らせる
🍽 I sit my baby in the high chair.
(スィッマイ)

15 食事用クッションに座らせる
🍽 I sit my child on the booster seat.
(ブースター)

tips

⓫ dish out は「分ける、分配する」。bowl は「おわん」。
⓬ let ~ ... は「～に…させる」。cool は「冷める」。
⓭ 日本でいう「食事用エプロン」や「スタイ」も bib（よだれ掛け）と言う。(p.72 ㉗参照)
⓮ high chair は「（テーブルの高さに合わせた）子ども用椅子」。
⓯ 日本でいう「食事用クッション（座面を高くするための補助クッション）」は

16 食べさせる
😊 **I feed him.**

17 飲み物を飲ませる
😊 **I give him something to drink.**
(サムスィントゥ)

18 手づかみ食べをする
🍪 **He eats with his hands.**

19 食べ物を口から出す
🍪 **He spits out his food.**
(スピッツァウト)

20 お茶わんを床にひっくり返す
🍪 **He knocks the bowl onto the floor.**
(ボウル)

booster seat と言う。
⓰ feed は「〜に食事を与える」。
⓱ something to drink は「何か飲む物」。
⓳ spit out 〜 は「〜（口の中の物）を吐き出す」。
⓴ knock 〜 onto the floor は「〜を床にたたき落とす、ひっくり返す」。

chapter ❹ 食事

21 好き嫌いをする
🍪 He is a picky eater.
（ピザ）

22 床を掃除する
😊 I clean the floor.

23 食べて見せる
😊 I show him how to eat.

24 食べ物について教える
😊 I teach him about food.
（アバウトフード）

25 おつゆを飲む
🍪 He eats his soup.
（スープ）

tips

㉑ picky eater は「食べ物の好き嫌いが多い人」。picky は「えり好みする、（味などに）うるさい」という意味。
㉒ clean は「〜を掃除する、きれいにする」。
㉕ スープ類をスプーンで飲むときは eat soup や have soup と言う。

26 フォークで刺す
🍪 **He stabs the food with a fork.**
(ウィッザ)

27 スプーンですくう
🍪 **He scoops the food with a spoon.**
(スクープス) (ウィッザ)

28 お箸を使う
🍪 **She uses chopsticks.**

29 お箸の練習をする
🍪 **She practices using chopsticks.**
(プラクティスィズ)

30 テーブルを離れる
🍪 **She leaves the table.**

㉖ stab ~ with a fork は「フォークで〜を刺す」。
㉗ scoop ~ with a spoon は「スプーンで〜をすくう」。
㉘㉙ chopsticks は「箸」。「箸一膳」は a pair of chopsticks と言う。
㉚「(食事が終わって) 席を立つ」は、leave the seat ではなく、leave the table (テーブル・食卓を離れる) という言い方をする。

chapter ❹ 食事

---

1 今日の夕飯何にしようかな?

<small>ワッシャライ</small>
What shall I cook for dinner?

---

2 冷蔵庫に何か残ってるかな?

<small>フリッジ</small>
Are there any leftovers in the fridge?

---

3 ご飯炊かなきゃ。

<small>ニーットゥクック</small>
I need to cook rice.

---

4 大人は冷凍ご飯をチンするのでいいか。

<small>ヒーダップ</small>
I'll just heat up some frozen rice for the
<small>グロウンナップス</small>
grown-ups.

---

❶ cookは「料理を作る」。makeを使ってもよい。(p.82❹❺参照) 例)What shall I make for dinner?
❷ leftoversは「料理の残り物」。fridgeはrefrigerator(冷蔵庫)の短縮語。There are some leftovers.(残り物がある)を疑問文にしているので、someがanyとなり、Are there any leftovers ~? になっている。
❸ need to ~ は「~しなければならない」。(p.46⓴参照) このcookは「~を炊く、~を調理する」なので、cook riceで「ご飯を炊く」。
❹ justは「とにかく、ただ~だけ」。heat upは「温める、加熱する」。frozenは「冷凍の、凍らせた」。grown-upは「大人」。

つぶやき表現

5　とにかく野菜はみそ汁に入れて、と。

I'll put all the vegetables in the miso soup.

6　ん？　ちょっとしょっぱかったかなあ？

Hum? Is this too salty?

7　離乳食は手がかかるなあ。

Cooking baby food takes time.

8　晩ご飯できたよ〜。

Dinner is ready.

❺vegetableは「野菜」。miso soupは「みそ汁」。put ~ in ...は「〜を…に入れる、投入する」。
❻Hum?は「ん？、あれ？」という間投詞。too ~ は「〜過ぎる」。saltyは「塩辛い」。
❼cooking baby food（離乳食を作ること）が主語になっている。take timeは「時間がかかる」。
❽食事の準備ができたときの決まった言い方。例）Breakfast[Lunch] is ready.（朝ご飯[昼ご飯]できたよ）

chapter ❹ 食事

> **9** テーブルに着いて。
> スィッタッザ
> **Come sit at the table.**

> **10** いただきます。
> レッツィート
> **Let's eat.**

> **11** 熱いからふーふーしようね。
> ハット　　　ブロウオニッファースト
> **It's hot, so blow on it first.**

> **12** おいしい？
> ヤミィ
> **Is it yummy?**

❾ Come sit. は Come and sit.(こちらに来て座りなさい) の and を省略した表現。sit at the table は「食卓に着く」。
❿日本語の「いただきます」「ごちそうさま」に相当する英語はない。Let's eat. は「食べようか」くらいの意味。
⓫ blow on ~ は「~に息を吹き掛ける」。
⓬ yummy は「おいしい」。

13　これ好き？
Do you like this?
　　ライッズィス

14　豆腐食べる？
Do you want some tofu?
　　　　　ワンサム

15　ちゃんとモグモグしてね。
Chew it well.
　　　イッ

16　モグモグしてる顔、かわいい♪
I love watching you munch on your food!
　　　　　ワッチンギュー　　　マンチョンニュア

❸ like は「〜を好む」。
❹ Do you want some 〜? は「〜が食べたい？」。Do you want some? だけで、「食べる？」という意味の定番表現になっている。
❺ chew は「〜をかむ」。
❻ munch on 〜 は「〜をモグモグ食べる」。

chapter ❹ 食事

17　牛乳とお茶、どっちがいい？
Do you want milk or tea?
（ワン）

18　しっかり持って。
Hold this tight.
（ホウルズィス　タイト）

19　食が細くて心配……。
She's such a light eater. I'm worried.
（サッチャ）

20　見て見て、パパも食べてるよ。
Look, Daddy's eating, too.

❶子どもに語り掛けるのなら、Milk or tea? だけでもよい。
❷hold ~ tight は「~をしっかり持つ」。
❸light eater は「食の細い人」。She eats so little.（少ししか食べない）と言うこともできる。
❹too は「~もまた」。

21 野菜の切り方、大きかったかな。

Maybe I've cut the vegetables too big.
(カッザ)

22 分かるよ。ママもちっちゃいころ、ピーマン苦手だった。

I know. I didn't like green peppers when I was little, either.
(ディドゥン) (ウェナイ) (イーザー)

23 まあ栄養取れてればいいか。

Well, as long as she's getting some nutrients, I'm happy.
(ロンガズ) (ゲティンサム) (ニュートゥリエンツ)

24 いつか食べられるようになるよね。

She'll be eating more one day.

㉑ maybeは「もしかすると」。(p.25 ❷参照) I've = I have。cut は「切る」。
㉒ green pepperは「ピーマン」。eitherは否定文の最後に付けて、「〜もまた…ない」。例) I didn't eat much when I was little, either.(私も小さいころ、あまり食べなかった)
㉓ as long as 〜 は「〜さえすれば、〜であるならば」。nutrient は「栄養素」。
㉔ will be 〜ingは未来進行形で、未来のある時点の様子を表すことができる。She'll be eating more one day. は「いつかは、もっと食べているようになる」。

chapter ❹ 食事

25 これなら食べるかな。

Maybe she'll eat this.
イーッズィス

26 お豆食べると元気になるよ。

Eating beans will give you energy.
イーティンビーンズ　　　　　　　　　　エナジー

27 おなかいっぱい？

Are you full?
フル

28 ちゃんとお座りしてね。

Sit down, please.
スィッダウン

㉖ bean は「豆」。energy は「元気、活力」。
㉗ full は「おなかがいっぱいの、満腹の」。
㉘ 子どもに何かをするよう促すときには、ただ命令するだけではなく、please を付け加えると、言葉遣いが丁寧になるので、子どもも聞き入れやすくなる。

29 食べ物は遊ぶ物じゃないよ。食べるための物よ。

Food is not for playing with. It's for eating.
ナッフォー

30 これは何だろうね？

What do you think this is?
ワッドゥー　　　　　　　　　　ズィスィズ

31 これはにんじんって言うんだよ。

This is called a carrot.
コールド

32 土の中で育つんだよ。

They grow underground.
アンダーグラウンド

㉙ Don't play with your food.（食べ物で遊ぶのはやめなさい）と言ってもよいけれど、NoやDon'tばかりだと、注意をする方も嫌になってくる。そんなときは、Food is for eating.（食べ物は、食べるためにあるんだよ）と諭して、自分でどうするべきか、考えさせる言い方をしてみてもよい。
㉛ be called ~ は「~と呼ばれている」。
㉜ underground は「地下で」。

chapter 4 食事

33 おかわり？

Do you want some more?

34 おー、よく食べてるねえ。

Wow, you're eating so well.

35 これ、好きなんだねえ。

You like this, don't you?

36 手がベタベタだね。拭く？

Your hands are sticky. Do you want to wipe them?

㉝「もう少し欲しい？」と言うときの定番表現。勧めるときには、Have some more.（もう少しどうぞ）、おかわりするときは、Can I have some more?（もう少しちょうだい）などと言う。
㉞ You're eating so well. は「よく食べてるね」。You're such a good eater. と言ってもよい。
㊱ sticky は「ベタベタする」。

37 私もだいぶ料理の腕が上がったな。

I'm getting really good at cooking.
グダックッキン

38 半分こしよう。あー、おいしい！

Let's share it. Mmm, yummy!
シェアイット　　　　　ヤミィ

39 みんなで食べるとおいしいね。

It tastes even better when we eat together.
イッテイスツ　　　　　　　　　　　　　　イートゥギャザー

40 眠そうだね……。早く食べちゃおうね。

You look sleepy. Let's eat up.
イータップ

㊲ get good at ~ は「~が上達する」。比較級を使って、I'm getting better at cooking.(料理がうまくなってきた)とすると、あまりできなかったことが、うまくなってきた、というニュアンスが含まれる。I'm getting really good at cooking. は、もともとうまかったけれど、ますます腕を上げた、と言っている。
㊳ この share は「(食べ物などを)分ける、分割する」。
㊴ taste は「味がする」。taste good で「おいしい」。taste even better で「より一層おいしくなる」という表現になる。(p.73 ㉚参照) この even は「一層」。
㊵ eat up は「(食べ物を)残さず食べる、ぺろりと食べる」。

chapter ❹ 食事

---

41 ごちそうさま？

Are you done?
(ダン)

---

42 あと一口。パクって食べちゃって。

Just one more bite. Go ahead and finish it up.
(アヘッダン) (フィニッシッタップ)

---

43 お皿、ぴっかりんだね！ よくできました！

Your plate is clean! Good job!
(プレイティズ) (グッジョーブ)

---

44 完食してくれるとほんとうれしいな。

I'm so happy when she eats it all up.
(イーツィットーラップ)

㊶ Are you done? は「終わったの？」。Have you finished?（食べ終わったの？）と言うこともできる。
㊷ bite は「一口」。Go ahead and ~ は「さあ~しなさい」と誰かに何かするよう促す表現。
㊸ Good job! は「よくできました！、よく頑張ったね！」と褒める言葉。
㊹ eat it all up は「全部きれいに食べる」。

CLOSE UP! 入れ替え表現②

4章で紹介した表現の中から、ほかの単語とも入れ替えて使える表現を一つご紹介します。下記は単語例です。繰り返し練習して使いこなせるようにしましょう。

これはにんじんって言うんだよ。

This is called a carrot. ➡p.95 ③

[単語例]

a potato	an onion	a tomato
じゃがいも	玉ねぎ	トマト

a cucumber	a pumpkin	an egg plant
きゅうり	かぼちゃ	なす

[例文]

This is called a tomato. Tomatoes grow in summer.
これはトマトって言うんだよ。夏の野菜だよ。

This is called a pumpkin. Pumpkins have seeds.
これはかぼちゃって言うんだよ。種があるんだよ。

seedは「種」という意味。

親だっていろいろある！
つぶやき表現 番外編

[ママ友編] DL_MP3_02

ママ友はいないと悩み、いても悩む。
でもやっぱり相談相手がいると心強いもの。
ここでは、「ママ友」にまつわるつぶやき表現をご紹介します。

(1) しまった！　未読がたまってた。みんなレス早いな。

Oops! So many unread messages. They respond so quickly.

---

(2) 新しい園で、ほかのママたちと友達になれればいいな。

I hope I can become good friends with the other moms at the new kindergarten.

---

(3) なんかしっくりこないのよね。みんなどこかよそよそしい。

For some reason, I can't seem to break the ice with them. They all seem kind of distant.

※break the ice：打ち解ける　　kind of：少し　　distant：他人行儀な

---

(4) あの人とは気が合うとは思えない。

I don't think I can get along with her.

※get along with ~：～とうまくやる

---

(5) 気の合う人が一人でもいれば、もうけもんだよね。

Just one good friend is good enough.

---

(6) ママ友とのランチ、楽しみだな～。

I'm looking foward to having lunch with the other moms.

※look forward to ~ing：～するのを楽しみにする

---

(7) お友達のお宅にお邪魔してるときは、行儀よくしてほしい。

I hope he behaves himself when we visit his friend's house.

※behave ~self：行儀よくする

(8) 夜出掛けても、子どもたちちゃんと寝るかな？

Will the children be able to sleep if I go out for the evening?

---

(9) 大人だけのときは、子連れでは行けない場所に行きたいな。

When we go out without the children, I like to go to places I can't go to with them.

---

(10) はー！　久しぶりのアルコールはすぐに酔いが回る。

Phew! It's been a long time since I last had a drink. I feel dizzy already.

※have a drink：一杯飲む

---

(11) ママたちの体験談って、結構参考になる。

It helps a lot to hear about the other moms' experiences.

---

(12) すごい！　このママさん情報通だわ！

Wow! She knows everything!

---

(13) 子育て一つにも、いろいろな考え方があるのね。

I guess all parents have their own ideas about raising children.

---

(14) 育児の悩みはママ友に話すのが一番だわ。

It's best to talk to the other moms about my problems with the children.

※problem with ~：~についての問題

Quick Check

本章に出てきたフレーズを復習しましょう。以下の日本語の意味になるよう英文を完成させてください。答えはページの下にあります。

❶離乳食を作る。 ➡P082
I make some ( ) ( ).

❷野菜を細かく切る。 ➡P083
I cut the vegetables into ( ) ( ).

❸子どもの分を取り分ける。 ➡P084
I ( ) ( ) the food into his bowl.

❹好き嫌いをする。 ➡P086
He is a ( ) ( ).

❺テーブルを離れる。 ➡P087
She ( ) the table.

❻ちゃんとモグモグしてね。 ➡P091
( ) it well.

❼しっかり持って。 ➡P092
( ) this ( ).

❽食が細くて心配……。 ➡P092
She's such a ( ) ( ). I'm worried.

❾おなかいっぱい？ ➡P094
Are you ( )?

❿あと一口。パクって食べちゃって。 ➡P098
Just ( ) ( ) bite. Go ahead and finish it up.

❶ baby/food ❷ small/pieces ❸ dish/out ❹ picky/eater ❺ leaves ❻ Chew
❼ Hold/tight ❽ light/eater ❾ full ❿ one/more

chapter 4 のフレーズを使った会話もチェックしてみましょう ➡P202へ！

chapter ⑤
しつけ
Discipline

最近、急に頑固になった。
こだわりが強くて、かんしゃく持ち。
厳し過ぎ？　甘やかし過ぎ？
育児の悩みは尽きないけれど、
向き合って、受け止めて、抱き締める。
そうしたら、自分も子どもも、
ちょっと変わってきたみたい。

chapter 5 しつけ

Words 単語編

1. 生意気な
2. 強情な
3. しがみついたまま離れない
4. 焼きもちを焼く
5. かんしゃく
6. 気をそらす
7. 聞く
8. 気持ち
9. 謝る
10. 目の高さ
11. 理解する
12. 許す

まずは、5章に登場するさまざまな単語を見て、
「しつけ」のシーンのイメージをつかもう。

⓭うれしい
⓮笑顔
⓯抱擁

⓰肩の力を抜く
⓱褒める
⓲守る

⓳優しい
⓴共感する
㉑行儀よくする

❶rude　❷stubborn　❸cling　❹jealous　❺tantrum　❻distract
❼listen　❽feeling　❾apologize　❿eye level　⓫understand
⓬forgive　⓭happy　⓮smile　⓯hug　⓰ease up　⓱praise
⓲protect　⓳kind　⓴sympathize　㉑behave ~self

chapter ❺ しつけ

1 言うことを聞かない
🍪 **He doesn't listen to me.**
ダズントリッスン

2 生意気なことを言う
🍪 **He says something rude.**
セッズ　　　　　　　ルード

3 お友達に手を出す
🍪 **He hits a friend.**
ヒッツァ　フレンド

4 おもちゃを投げる
🍪 **He throws a toy.**
スロウザ

5 赤ちゃんに焼きもちを焼く
🍪 **He gets jealous of the baby.**
ジェラソブ

tips

❶ listen to ~ は「~(人の言う事)を聞く、~(要求・忠告)に従う」。
❷ rude は「無礼な、生意気な」。
❸ hit は「~をたたく」。
❹ throw は「~を投げる」。
❺ jealous は「焼きもち焼きの」。get jealous of ~ で「~に焼きもちを焼く」。

106 体の動き

6 ママから離れない
He clings to his mom.
(クリングス)

7 赤ちゃん返りをする
He starts acting like a baby.
(アクティンライカ)

8 こだわる
He tries to have his own way.

9 強情になる
He becomes stubborn.
(スタバーン)

10 かんしゃくを起こす
He throws a tantrum.
(スロウザ　タントゥラム)

❻ cling to ~ は「~にしがみついたまま離れない、ベタベタする」。
❼ act like a baby は「赤ちゃんのように振る舞う、赤ちゃん返りをする」。「赤ちゃん返り」は toddler regression とも呼ばれる。
❽ try to have ~'s own way は「自分のやり方を通そうとする」。
❿ throw a tantrum は「かんしゃくを起こす」。throw a fit も同じ。

😊 は子どもの動き　😮 は親の動きを表します

chapter 5 しつけ

11 なだめる
😊 I try to calm him down.
　カーム

12 気をそらす
😊 I distract him.
　ディストゥラクト

13 待ってあげる
😊 I give him some time.
　　　　サムタイム

14 話を聞いてあげる
😊 I listen to him.

15 子どもの視点に立ってみる
😊 I try to see things from his point of view.
　　　　　　　　　　　　　　　ポイントォヴュー

tips
⑪ try to ~ は「~しようとする」。calm ~ down は「~を落ち着かせる、なだめる」。
⑫ distract は「~の気をそらす、注意をそらす」。
⑬ give ~ some time は「~に時間をあげる」、つまり「待ってあげる」。
⑭ この listen to ~ は「~（人が言うこと）に耳を傾ける、~を聞く」。
⑮ ~'s point of view は「~の視点」。

16 子どもの目の高さまでかがむ
👁 I **get down** to his eye **level**.
(ゲッダウン / レヴェル)

17 目を見て話す
👁 I look him in the eye when I talk **to** him.
(トーットゥー)

18 気持ちを理解しようとする
👁 I try to understand his feelings.

19 心配しなくていいと言う
👁 I tell him **not to** worry.
(ナットゥー)

20 共感する
👁 I **sympathize** with him.
(スィンパサイズ)

⓰ get down は「かがむ」。eye level は「目の高さ」。
⓱ look ~ in the eye は「~の目を見る」。
⓳ tell ~ not to worry は「~に心配しなくてもいいと言う」。
⓴ sympathize with ~ は「~に共感する」。

chapter ❺ しつけ

21 許してあげる
🗣 I forgive him.

22 自信をつけさせる
🗣 I boost his confidence.
　　　　　　　　　カンフィデンス

23 たくさん褒める
🗣 I give him lots of praise.
　　　　　　　ロッツオッブレイズ

24 抱き締める
🗣 I hold him in my arms.

25 ありのままの子どもを愛する
🗣 I love my child for who he is.

tips
㉒ boost ~'s confidence は「~に自信をつけさせる」。
㉓ praise は「褒めること、称賛」。この用法では不加算名詞なので、lots of ~(たくさんの~)の後も単数形のまま。
㉔ hold ~ in my arms は「~を抱き締める」。
㉕ love ~ for who he[she] is は「ありのままの彼/彼女を愛する」。

13 そしたらお話聞けるよ。

Then I can understand you.
_{アンダースタンドデュー}

14 甘やかし過ぎかな?

Am I too soft?
_{アマイ}

15 厳し過ぎかな?

Am I too tough?
_{アマイ　タフ}

16 私、何やってるんだろ。

I feel like I don't know what I'm doing.
_{ドウノウ　ワダイムドゥーイン}

⓭ understand は「理解する、分かる」。興奮した子どもが何を言っているのか分からないとき、落ち着いて話してくれたら、分かってあげられるよ、と語り掛けるための表現。この Then は「そうしたら」。
⓮ この soft は「情に流される、ほだされる」。soft parent で「甘い親」。
⓯ tough は「厳格な」。tough parent で「厳しい親」。ほかに strict parent(しつけの厳しい親)という言い方もできる。
⓰ I feel like ~ は「~のような気がする」。I don't know what I'm doing. は「自分が何をやっているのか分からない」という表現。

chapter 5 しつけ

17 ほかのママはちゃんとやってるのかな。

All the other moms seem to know what they are doing.
（ワッゼイ）

18 たまには一人の時間が必要だ。

I need some time alone for a change.
（ニーッサムタイム／フォア）

19 人と比べたって仕方がないか。

Comparing with others is meaningless.
（コンペアリング／ミーニングレス）

20 完璧な人なんていないんだし。

Nobody's perfect.
（パーフェクト）

⓱ seem to ~ は「~しているように見える、~しているようだ」。
⓲ I need some time alone. は「一人の時間が必要だ」。for a change は「たまには」や「気分転換に、息抜きに」という意味。(p.45 ⓮参照)
⓳ compare は「比較する、比べる」。meaningless は「無意味な、意味のない」。comparing with others（人と比較すること）が主語になっている文。
⓴ Nobody's ＝ Nobody is。Nobody's perfect. は「完璧な人間なんていない」という定番表現。

116 つぶやき表現

21 子育てに答えなんてないしね。
   イズンタ　　　　ライトウェイ　　　　　レイズ
   There isn't a "right way" to raise a child.

22 たまには手を抜かなきゃ。
   　　　　　　イーザップ　　　　　　　ナウアンゼン
   I have to ease up every now and then.

23 もっと人の手を借りよう。
   シュドスィーク　　　アウッサイドヘルプ
   I should seek outside help.

24 自分を褒めてあげてもいいよね。
   イッツオウケィ　　ブレイズ
   It's OK to praise myself.

㉑raise a childは「子どもを育てる」。子育ては人それぞれ、千差万別で、一つだけright way(正しい方法)があるわけではない、と言っている。
㉒ease upは「体の力を抜く、緩める」。every now and thenは「ときどき、時折」。
㉓seekは「〜を求める、依頼する」。outside helpは「(保育所・行政のサポートなど)外部の人間の助け」。
㉔このpraiseは「〜を褒める」という動詞。

chapter ⑤ しつけ

25 大丈夫、大丈夫。
_{エヴリスィンギズゴウイントゥービー　　オルライト}
Everything is going to be all right.

26 この子は、ママが大好きなだけなんだ。
_{ジャスッ}
She just loves me.

27 ママと一緒にいたいだけ。
_{ジャスッ　　ワンツトゥービー　　ウィズミー}
She just wants to be with me.

28 こういう時期なんだよね、きっと。
_{ジャスタステイジ}
It's just a stage she is going through.

㉕Everything is going to be all right. は「全てがうまくいく、大丈夫」という定番表現。
㉖子どもが安心してわがままを言ったり、甘えたりすることができるのは、ママが大好きだからなんだ。あらためて自分に言い聞かせるための表現。
㉗後追いが激しかったり、ママから離れられなかったりするとき、こんな風に思うと、気持ちも落ち着くかもしれない。
㉘stage は「(発達の) 段階」。go through ~は「~を通過する」。例)He's going through a rebellious stage.(反抗期真っただ中)

29 ずっと守ってあげられたらいいのに。

I wish I could protect her forever.

30 いつかは手を離してあげないといけないんだよね。

I know I'll have to let go some time.

31 この子は別の人間だものね。

She is her own person.

32 ごめんねって言えて偉かったね。

You said sorry. Well done.

㉙ protect は「〜を守る、保護する」。forever は「永遠に」。
㉚ let go は「手放す」。
㉛ ~'s own person は「自分自身」。子どもは、親とは別人格の、一人の人間なんだから、と言っている。
㉜ 強情を張った末に、sorry(ごめんね)が言えたら、Well done.(よくできたね、偉かったね)と褒めてあげたい。(p.27 ㉙参照)

chapter ❺ しつけ

33 言うことを聞けて、偉かったね。

リッスントゥワタイ *グッジョーブ*
You listened to what I said. Good job.

34 大丈夫。疲れてたのね。

イッツォウケイ *ワーンチュー*
It's OK. You were tired, weren't you?

35 ママもごめんね。

I'm sorry, too.

36 ぎゅーして。

ギブミー
Give me a hug.

㉝what I saidは「私が言ったこと」。Good job.は「よくできたね」と褒める言葉。(p.98 ㊸参照)
㉞子どもが謝ってきたら、It's OK.(いいよ、大丈夫だよ)と答える。You were tired, weren't you? は、「疲れてたんだよね」と、子どもにも理由があったことを分かってると伝えるための表現。
㉟少し厳しくし過ぎたかな、と思えば、I'm sorry, too.(こちらもごめんね)と言うと、子どももほっとするかもしれない。
㊱hugは「抱擁、抱き締めること」。

37　仲直りできたかな？　よかった。
Are we OK? Good.
グーッド

38　今の優しかったね。
That was very kind of you.
カインドヴュー

39　とってもいい笑顔だよ。
You have a beautiful smile.
ハヴァ

40　いつもご機嫌だね。
You are always happy.

㊲Are we OK?は、けんかの後に、「私たちの仲は変わらないよね、わだかまりはないよね」と聞くときの表現。
㊳子どもが親切なことをしたら、その行為を褒めてあげたい。That was ~ of you.は「今のは~だったね」。
㊴beautiful smileは「美しい笑顔、すてきな笑顔」。
㊵このhappyは「機嫌のよい、だだをこねたりすねたりしない」という意味。

chapter ❺ しつけ

41 いつもママを助けてくれるね。

You always help me.
（ヘルッミー）

42 みんなを笑わせてくれるね。

You make everyone laugh.

43 君ならできるよ。

You can do it.
（ドゥーイッ）

44 そばにいてくれてありがとう。

Thank you for being with me.
（ウィスミー）

㊶子どもの行動は積極的に褒めたい。helpは「～を助ける、手伝う」。
㊷make ~ laughは「～（人）を笑わせる」。
㊸You can do it.（あなたならできる）は、人を応援するときの定番表現。
㊹そばにいてくれるだけでうれしいんだということを、伝えるための表現。

26 謝る
😊 **He apologizes.**
アポロジャイズィズ

27 行儀よくする
😊 **He behaves himself.**
ビヘイヴズ

28 お友達におもちゃを貸す
😊 **He lends his toy to his friends.**

29 動物に優しい
😊 **He is kind to animals.**
カイントゥー

30 思いやりがある
😊 **He is considerate of others.**
コンスィデレィッ

㉖ apologize は「謝る」。
㉗ behave は「振る舞う」。behave ~self は「行儀よくする、行儀よく振る舞う」。
㉘ lend ~ to ... は「…に~を貸す」。
㉙ kind は「優しい」。
㉚ considerate of ~ は「~に思いやりがある、親切である」。

chapter 5 しつけ

1　何かやらかしてるな。

I know she's up to something.

2　何してるの？
　　　ワダァユー
What are you doing?

3　やめなさい。
　　ストッピット
Stop it.

4　お行儀悪いよ。
　　　ノッナイス
That's not nice.

❶子どもが妙に静かなとき、母のレーダーで「何かやらかしている」と気付くもの。up to something は「何かをたくらんで」。
❹nice にはさまざまな意味があるが、ここでは「行儀のよい、上品な」という意味で使っている。That's not nice. で「それ（その行動・態度）はお行儀のいいことじゃないよ」と言っている。

5 今はやめて。
Not now, please.
ノッナウ

6 いい加減にしなさい。
Will you please stop that?
ストップザット

7 強情だなあ。
She's so stubborn.
スタバーン

8 自分の口でちゃんと言おうね。
Tell me yourself.

❺ not now は「今はだめ」。子どもが公共の場でわがままを言ったり、大人の会話に割って入ろうとしたりするときに使う。please を付けると、表現を少し和らげることができる。
❻ please を強く言うことで、丁寧な表現ながら、親の本気を示すことができる。
❼ stubborn は「強情な、頑固な」。本人に You're so stubborn. と決めつけるようなことは言わない方がいいけれど、思わずつぶやいてしまうこともあるもの。
❽ もう話すことができる子どもが、感情を爆発させているとき、このように語りかけてあげれば、大きい子として扱っていることが伝わる。

chapter 5 しつけ

---

9 思い出して。お約束したよね?

Remember we talked about this?
（トークタバウディス）

---

10 あ、あれは何のお花だろうね?

Oh, what's that flower?
（ザッ）

---

11 ほらほら、捕まえちゃうぞー!

Hey, Mommy is coming to get you!
（カミントゥゲッチュー）

---

12 落ち着いて。

Calm down, please.

---

❾「約束した」は You promised. でもいいけれど、事前にどういう行動を取るか言い聞かせてあった、という程度なら、We talked about this. でよい。
❿言い聞かせてもまだ分からない子どもには、気をそらしてあげるのがよい。Oh, what's that ~? は、何かに注意を向けるための表現としても使える。
⓫笑わせるのも、気をそらす方法の一つ。
⓬calm down は「落ち着く、頭を冷やす」。

CLOSE UP!
入れ替え表現③

5章で紹介した表現の中から、ほかの単語とも入れ替えて使える表現を一つご紹介します。下記は単語例です。繰り返し練習して使いこなせるようにしましょう。

そばにいてくれてありがとう。

Thank you for being with me. ➡p.122㊹

[単語例]

being quiet
静かにしてくれて

listening
聞いてくれて

waiting
待っていてくれて

sharing
分けてくれて

telling me
教えてくれて

helping me
お手伝いしてくれて

[例文]

I'm almost ready. Thank you for waiting.
もうすぐ準備できるよ。待っていてくれてありがとう。

This is delicious! Thank you for sharing it.
これ、おいしい！ 分けてくれてありがとう。

Quick Check

本章に出てきたフレーズを復習しましょう。以下の日本語の意味になるよう英文を完成させてください。答えはページの下にあります。

❶ 赤ちゃんに焼きもちを焼く。 ➡P106
He ( ) ( ) of the baby.

❷ かんしゃくを起こす。 ➡P107
He ( ) a ( ).

❸ 子どもの目の高さまでかがむ。 ➡P109
I get down to his ( ) ( ).

❹ 心配しなくていいと言う。 ➡P109
I tell him ( ) ( ) ( ).

❺ 抱き締める。 ➡P110
I hold him ( ) my ( ).

❻ 行儀よくする。 ➡P111
He ( ) himself.

❼ 動物に優しい。 ➡P111
He is ( ) to animals.

❽ 落ち着いて。 ➡P114
( ) ( ), please.

❾ たまには手を抜かなきゃ。 ➡P117
I have to ( ) ( ) every now and then.

❿ ぎゅーして。 ➡P120
Give ( ) a ( ).

---

❶ gets/jealous ❷ throws/tantrum ❸ eye/level ❹ not/to/worry ❺ in/arms ❻ behaves
❼ kind ❽ Calm/down ❾ ease/up ❿ me/hug

chapter 5 のフレーズを使った会話もチェックしてみましょう ➡P204へ!

chapter ⑥
成長
Growing Up

子どもの成長は早い。
産まれたときは首も据わっていなかったのに、
あっという間に寝返り、ハイハイ、つかまり立ち。
おとなしい子かと思ったら、意外とやんちゃ。
日々できることが増えていく。
こうやって、どんどん大きくなっていくんだね。

chapter 6 成長

Words 単語編

❶寝返りを打つ　❷首が据わる
❸ハイハイする
❹おもちゃをなめる
❺なん語をしゃべる
❻お座りをする
❼つかまり立ちをする
❽伝い歩きをする
❾歩く
❿人見知りをする

❶roll over　❷have head control　❸crawl　❹lick a toy
❺babble　❻sit (up)　❼pull ~self up to a standing position
❽walk holding onto something　❾walk　❿shy around strangers

まずは、6章に登場するさまざまな単語を見て、
「成長」のシーンのイメージをつかもう。

⑪ジグソーパズル
⑫はさみ
⑬絵
⑭ブロック
⑮散らかす
⑯いたずらな
⑰片付ける
⑱子ども番組
⑲登場人物
⑳踊る
㉑才能がある
㉒手伝う
㉓家事

⑪jigsaw puzzle　⑫scissors　⑬picture　⑭block　⑮scatter
⑯mischievous　⑰tidy up　⑱kids' program　⑲character
⑳dance　㉑talented　㉒help　㉓chores

chapter 6 成長

1 笑う
😊 **She smiles.**

2 昼寝をする
😊 **She takes a nap.** (テイクサ)

3 音のする方を向く
😊 **She looks toward the sound.** (トゥウォード)

4 おもちゃをつかむ
😊 **She grabs a toy.** (グラブザ)

5 寝返りを打つ
😊 **She rolls over.** (ロウルゾーヴァー)

tips
❶ smile は「ほほ笑む、笑う」。
❷ take a nap は「昼寝をする」。
❸ look toward ~ は「~の方を向く、~に目を向ける」。
❹ grab は「~をつかむ、ぎゅっとつかむ」。
❺ roll over は「寝返りを打つ」。

6 夜泣きをする
クライザッナイ
😊 **She cries at night.**

7 たそがれ泣きをする
コーリック
😊 **She has colic.**

8 お座りをする
スィッツアップ
😊 **She sits up.**

9 おもちゃをなめる
リックス
😊 **She licks a toy.**

10 ハイハイする
クロールズ
😊 **She crawls.**

❻ cry at night は「夜泣きをする」。
❼ colic は「たそがれ泣き」。
❽ sit up は「(赤ちゃんが)お座りする」。
❾ lick は「～をなめる」。
❿ crawl は「ハイハイする」。

😊 は子どもの動き　は親の動きを表します

chapter 6 成長

11　なん語をしゃべる
🍪 **She babbles.**

12　つかまり立ちをする
🍪 **She pulls herself up to a standing position.**
アップトゥー

13　伝い歩きをする
🍪 **She walks holding onto something.**

14　歩き出す
🍪 **She starts walking.**

15　人見知りをする
🍪 **She is shy around strangers.**
ストレインジャーズ

tips

⓫ babble は「(乳児が)バブバブ言う、なん語をしゃべる」。
⓬ pull ~self up to a standing position は「(赤ちゃんが何かにつかまりながら)自分を引き上げて直立の姿勢になる」、つまり「つかまり立ちをする」という表現。
⓯ shy は「恥ずかしがる、人見知りをする」。

16 後追いをする
- **She follows me everywhere.**

17 預けるとき、毎朝泣く
- **She cries every morning when I drop her off.** (ウェナイ)

18 ママに手を振る
- **She waves goodbye to me.** (グッバイ)

19 お絵描きをする
- **She draws a picture.** (ドローザ)

20 ジグソーパズルをする
- **She does a jigsaw puzzle.** (ダザ)

⓰ follow は「〜の後について行く、〜を追い掛ける」。everywhere は「どこでも」。
⓱ drop 〜 off は「〜を送っていく、預ける」。「〜をお迎えに行く」は pick 〜 up。
⓲ wave goodbye to 〜 は「〜にさようならと手を振る」。
⓳ draw a picture は「絵を描く」。

chapter 6 成長

21 はさみを使う
😊 **She uses the scissors.**
スィザーズ

22 ブロックで遊ぶ
😊 **She plays with blocks.**

23 部屋の中を走り回る
😊 **She runs around the room.**
　　　　ランザラウンザ

24 おもちゃを散らかす
😊 **She scatters her toys around.**
　　　スカターズ　　　　トイザラウンド

25 交渉する
😊 **She negotiates with me.**
　　ネゴウシエイツ　　ウィズミー

tips
㉑ scissors は「はさみ」。必ず複数形になる。例) a pair of scissors([一対の]はさみ)
㉒ block は「ブロック、積み木」。
㉔ scatter ~ around は「~をばらまく、散乱させる」。
㉕ negotiate は「交渉する」。

26 妥協する
🍪 She compromises.
カンプロマイズィズ

27 おもちゃを片付ける
🍪 She puts her toys away.
トイザウェイ

28 子ども番組を見る
🍪 She watches a kids' program.

29 おままごとをする
🍪 She plays house.

30 お手伝いをする
🍪 She helps me.

㉖ compromise は「妥協する」。
㉗ put ~ away は「~を片付ける、しまう」。put away ~ も同じ意味。
㉘ kids' program は「子ども番組」。children's program とも言う。
㉙ play house は「おままごとをする」。

chapter 6 成長

1 生まれたときともう顔が違う。

His face has changed so much already since he was born.

2 笑ってる！　もう、かわいいなあ♪

You're laughing! You're so cute! (キュート)

3 ママとパパ、どっち似かな？

Does he look like Mommy or Daddy? (ルックライク)

4 生まれてきてくれて、うれしいよ。

I'm so glad you were born. (グラード)

❶ since ~ は「~以後に、~のときから」。
❷ smile が「(声を立てずに)笑う」であるのに対して、laugh は「(声を立てて)笑う」。
❸ look like ~ は「~に似ている」。bear a resemblance to ~ (~に似ている) という言い方もある。例) He bears a strong resemblance to his father. (彼はお父さんによく似ている)
❹ glad は「満足して、うれしく思う」。

CD 12

5　元気に育ってほしいな。
I hope you grow up healthy.
（アップ）

6　いないいないばあ！
Peekaboo!
（ピーカブー）

7　よしよし、いい子いい子〜♪
You're such a good boy (girl)!
（サッチア　グッ）

8　あれ、首据わってる？
Oh, you have head control.
（ヘッドコントロール）

❺healthyは「健康な、健全な」。
❻Peekaboo!は「いないいないばあ！」。
❽日本語には「首が据わる」という表現があるけれど、英語ではgain head and neck control / develop head and neck control（頭や首を支えられるようになる）のように、説明的な言い方をする。

chapter 6 成長

9 寝返り、もうちょっとなんだけどな。
オールモスト / ヒーゾールモスゼア
He can almost roll over. He's almost there.

10 この子にはこの子のペースがあるんだから。
アッパッ
He'll grow up at his own pace.

11 ゆっくりさんなだけだよね。
ジャスタ / レイブルーマー
He's just a late bloomer.

12 できないことより、できることに目を向けよう。
フォウカソン / インステドブ
I'll focus on what he can do instead of what he can't.

❾ almost は「もう少しで、あとちょっとで」。この almost there は「(成功・目標まで)あと一歩だ」という意味。(p.69 ⓰参照)
❿ at ~'s own pace は「自分のペースで、自分の速さで」。
⓫ late bloomer は「遅咲きの花」、つまり「大器晩成型の人」という意味。early bloomer(早咲きの人)という言い方もある。
⓬ focus on ~ は「(注意・関心を)~に集中させる」。instead of ~ は「~の代わりに」。

chapter ❻ 成長

17 言葉になってきてるよねえ。

He's **actually** starting to form words.
(アクチュアリー)

18 言葉が分かってきてるみたい。

He seems to understand what I'm saying.

19 あれ、歯が生えてきてる。

Oh, he's **teething**.
(ティージン)

20 髪の毛伸びたなあ。

His hair is getting longer.
(ヘアリズ　ゲティン)

⓱ actually は「実際に」。form words は「言葉をつくる」。
⓲ seem to ~ は「~しているように見える」。understand は「理解する、分かる」。what I'm saying は「こちらが言っていること」。
⓳ teethe は「歯が生える」という動詞。「歯が生えること」を teething と言う。「歯固め」は teething ring。teething troubles は「歯が生えるときの苦しみ、むずがり」。

やき表現

13 お座りできたと思ったら、もうハイハイ？

You've just learned how to sit, and now you're crawling?

ジャスッラーンド

14 最近一人で遊べるようになってきたな。

He's started to play by himself.

15 前はこのおもちゃに興味なかったのに。

He wasn't interested in this toy before

インタレスティディン

16 あっ、今何か言わなかった？

Hm, did you just talk?

ジャスットーク

⓭justは完了形に添えると、「たった今（〜したばかり）」という意味
「今度は、今やもう」という意味。learn は「（〜することを）覚え
例)I want to learn how to swim.（泳げるようになりたい）。
⓯interested in 〜は「〜に興味がある」。before は「前は」。
⓰「（赤ちゃんが）言葉を口にする」は、talkを使う。speakは、
べたり、演説をしたりするような状況で使われることが多い。

21 あらあら、今はママ以外ダメなんだよね。

Oh, dear. Everything has to be Mom right now.
(ライッナウ)

22 今度はパパがいいの？ 気まぐれだなあ。

Now you want Daddy? You're a moody little thing.
(ワンダディー)

23 やった！ 立ってる！ 立っちできたよ！

Yes! You're up on your feet! You're standing!
(アッポンニュアフィート)

24 急に歩けるようになったなあ。

He's walking all of a sudden.
(オーロヴァ)

㉑ Oh, dear. は「あらまあ、やれやれ」と言いたいときに使う間投詞。(p.20 ❹ 参照) have to be ~ で「~でなければならない」。right now は「今は」。
㉒ moody は「気まぐれな」。形容詞 + little thing は、幼児に対して愛情の意味を込めて「~な子」という表現。
㉓ up on ~'s feet は「立ち上がる」。
㉔ all of a sudden は「突然、前触れもなしに」。

chapter 6 成長

25 見て、このドヤ顔。

Look at that smug little face.

26 この子は将来大物になるな。

He's going to be somebody when he grows up.

27 私って親ばか？

Am I a doting parent?

28 ずいぶん長く椅子に座っていられるようになったなあ。

He's able to sit on his chair for a long time now.

㉕ smug face は「したり顔、得意満面な顔」。smug は「独りよがりの、うぬぼれた」などあまりいい意味の言葉ではないけれど、little(小さな)と付けることで、「かわいい」という気持ちで言っていることが分かる。
㉖ somebody には「ひとかどの人、偉い人」という意味がある。
㉗ doting は「溺愛する、子煩悩すぎる」。doting parent で「親ばか」。
㉘ be able to ~ は「~できる」。

> **29** これ、お目目？　すごい、ちゃんと絵になってるよ！
>
> **Are these eyes? Wow, I can tell what he's drawing.**
> （ワトヒーズ）

> **30** すごい集中力。
>
> **He's so focused.**

> **31** コラ！　お部屋で走らないよ。
>
> **Hey! No running in the room.**
> （ラニンギン）

> **32** ずいぶんやんちゃになったなあ。
>
> **He's so mischievous these days.**
> （ミスチヴァス）

㉙ can tell ~は「~が分かる、見分けられる」。I can tell what he's drawing. で、「何を描いているのか分かる」。
㉚ focused は「集中した」。
㉜ mischievous は「いたずらな、おちゃめな」。子どものことを言うときは、「思わず笑ってしまうようないたずら、やんちゃ」というニュアンスだが、大人について言うときは「迷惑な、有害な」という意味になる。

chapter ❻ 成長

---

33 おとなしい子かと思ってたけど、分かんないもんだね。

I thought he was the silent type. You never know.
（サイレントタイプ）

---

34 あーっ！ おもちゃが散らかってる。

Uh-oh! There are toys all over the place.
（ゼアラー）

---

35 一緒にお片付けしよっか。え？ おやつ食べてから？

Let's tidy up together. What? Do you want a snack first?
（アットゥギャザー）（ワンタ）

---

36 お片付けが終わってからおやつだよ。

Tidy up first, then it'll be snack time.
（アップファースト）（スナッタイム）

㉝ silent type は「無口なタイプ、寡黙な人」。逆は、chatty type（よくしゃべるタイプ、おしゃべりな人）。

㉞ Uh-oh! は失敗をしたり、がっかりしたときなどに使う間投詞。

㉟ tidy up は「整理整頓する」。snack は「おやつ」。これは「おやつを食べたら片付けてもいい」と子どもが条件を付けた状況を想定している。

㊱ 子どもは遊びや親との会話の中で、交渉によってほしい物を手に入れる術を学んでいく。~（命令文）first, then ...で「まず~しなさい。そうしたら…だよ」と伝えることができる。

37 だいぶ妥協できるようになってきたな。

He can actually compromise now.

38 あの番組見ると、すぐ踊るんだよね〜。

He dances every time he watches that program.

39 あはは、すっかりなりきってる！

Oh! Ha-ha! He's pretending to be that character!

40 そっくりだよ！　上手上手〜！

You look just like it! You're so good!

㊲ compromise は「妥協する」。(p.133 ㉖参照) こちらが出した条件を子どもが妥協して受け入れたことに、感心している表現。
㊳ program は「番組」。(p.133 ㉘参照)
㊴ pretend to be 〜 は「〜のふりをする」。character は「キャラクター、登場人物」。
㊵ just は「まさに、全く」。look just like 〜 で「〜にそっくりである」。

chapter 6 成長

41 うちの子天才かも！
　　　　タレンティッド
You're so talented!

42 ちょっとお手伝いしてくれる？

Can you help me?

43 これやってみる？
　　　ワントゥー　　　ギヴィタ
Do you want to give it a try?

44 できたね〜！　どうもありがとう！
　　　ディディッ
You did it! Thank you so much!

㊶ talented は「（生まれながらの）才能がある」。gifted は「天賦の才能がある」で、芸術、音楽、スポーツの分野で幅広く使われる。genius は「天才」で、特に芸術や科学で秀でた才能を持つ人について言うことが多い。
㊸ give it a try は「試しにやってみる、挑戦してみる」。
㊹ You did it! は「できた！、やった！」。

親だっていろいろある！

つぶやき表現 番外編

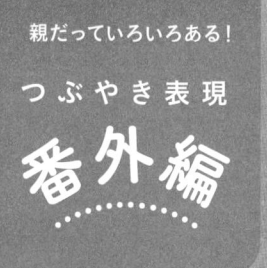

[共働き編] DL MP3_03

最近は共働きも珍しくなくなりました。
育児休暇から会社の子育て支援まで、
このページでは、「共働き」にまつわる
つぶやき表現をご紹介します。

---

(1) 仕事と育児って両立できるのかしら？

Can I work and take care of my child at the same time?

---

(2) 育児休暇、切り上げようか延長しようか……。

Should I end my child care leave now or use it all up?

※child care leave：育児休暇

---

(3) 病児保育、登録しておこうかな。

Maybe I should register with the day care for sick children.

※day care：保育所

---

(4) どうしてこう毎朝慌ただしいんだろ。

Why do I have to rush around like this every morning?

※rush around：走り回る

---

(5) 今ごろどうしてるかな。そろそろ保育園はおやつの時間だけど。

I wonder what she's doing now. I guess it's almost snack time at the nursery school.

---

(6) 会社に着いたら、保育園から即呼び出しだよ。

I've just got to the office, and now I've got a call from the nursery school.

45 じーん、お手伝いできるようになったんだなあ。

Wow, he's helping me with the chores.
チョアーズ

46 こうやって成長していくんだね。

He's steadily growing up.
ステディリー　グロウインガップ

㊺ chores は複数形で「(家庭内で毎日行う炊事、洗濯、掃除などの) 家事、作業」。help around the house も「家事を手伝う」という表現。
㊻ steadily は「堅実に、着実に」。

(7)男性ももっと育児休暇を取る人が増えたらいいのに。
I wish more men would take child care leave.

---

(8)やばい！　仕事が終わらない。子どものお迎えに行かなくちゃならないのに。
Oh, no! I can't finish my work. I have to go and pick up my child.

---

(9)有給残ってない。お願いだから、もう風邪引かないで〜。
I have no more paid leave. Please don't ever catch a cold again.
※paid leave：有給休暇

---

(10)休日出勤か。子ども、どうしよう？
I have to work this weekend. What'll I do with him?
※do with ~：〜をどうにかする

---

(11)もっとゆっくり子どもと過ごしたいなあ。
I wish I could spend more time with her.

---

(12)家族の助けのおかげで仕事を続けてこられたのよね。
Thanks to my family's support, I've been able to have a career.

---

(13)うちの会社も、ようやく子育て支援に力を入れ始めたようね。
Our company finally got down to supporting employees with children.
※get down to ~：本腰を入れて〜に取り掛かる

---

(14)ご飯作るの、面倒。今日は、外食にしちゃってもいいでしょうか……？
I have no more energy left for cooking. Can we just eat out?

Quick Check

本章に出てきたフレーズを復習しましょう。以下の日本語の意味になるよう
英文を完成させてください。答えはページの下にあります。

❶昼寝をする。 ➡P128
She ( ) a ( ).

❷人見知りをする。 ➡P130
She is ( ) ( ) strangers.

❸お絵描きをする。 ➡P131
She ( ) a picture.

❹はさみを使う。 ➡P132
She uses the ( ).

❺おもちゃを散らかす。 ➡P132
She ( ) her toys around.

❻交渉する。 ➡P132
She ( ) with me.

❼この子にはこの子のペースがあるんだから。 ➡P136
He'll grow up ( ) his own ( ).

❽あれ、歯が生えてきてる。 ➡P138
Oh, he's ( ).

❾ずいぶんやんちゃになったなあ。 ➡P141
He's so ( ) these days.

❿おとなしい子かと思ってたけど、分かんないもんだね。 ➡P142
I thought he was the ( ) ( ). You never know.

---

❶ takes/nap ❷ shy/around ❸ draws ❹ scissors ❺ scatters ❻ negotiates
❼ at/pace ❽ teething ❾ mischievous ❿ silent/type

---

chapter 6 のフレーズを使った会話もチェックしてみましょう ➡P206へ!

chapter ❼
トイレ・風呂

Bath Time

一日遊んだら、さあお風呂の時間。
体重は増えているかな、しっしんはないかな。
自分で脱げるかな、体は洗えるかな。
入浴タイムを盛り上げて、10数えて上がったら、
バスタオルにドライヤーに保湿クリーム。
ママもたまにはゆっくりお風呂に入りたーい！

chapter 7 トイレ・風呂

Words 単語編

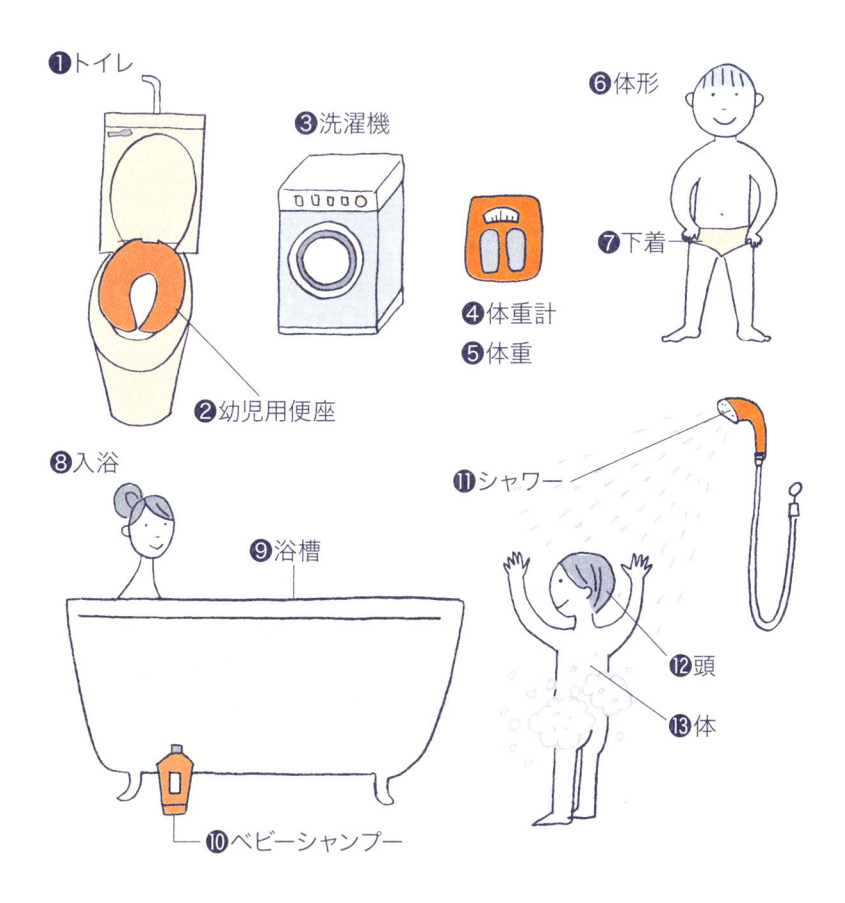

❶ トイレ
❷ 幼児用便座
❸ 洗濯機
❹ 体重計
❺ 体重
❻ 体形
❼ 下着
❽ 入浴
❾ 浴槽
❿ ベビーシャンプー
⓫ シャワー
⓬ 頭
⓭ 体

❶ bathroom ❷ potty seat ❸ washing machine ❹ scale ❺ weight
❻ body shape ❼ underwear ❽ bath ❾ tub ❿ baby shampoo

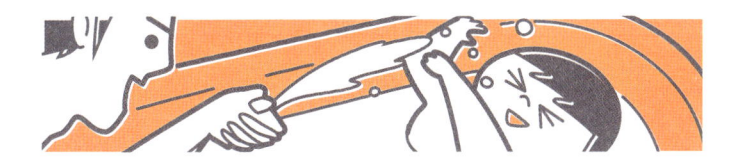

16 おもちゃを浮かべる
フロウトサムトイズ　　　　タブ
We float some toys in the tub.

17 お風呂で遊ぶ
We play in the bath.

18 長風呂をする
タブトゥー
We stay in the tub too long.

19 お風呂で歌を歌う
スィンギン
We sing in the bath.

20 10まで数える
We count to 10.

⑯ float は「〜を浮かべる」。
⑱ stay in 〜 too long は「〜（場所）に長くい過ぎる」。
⑲ sing は「歌う」。
⑳ count は「数える」。

chapter 7 トイレ・風呂

21 湯船から出る
ゲタウトブ タブ
We get out of the tub.

22 バスタオルで体を拭いてあげる
ウィザ
I dry his body with a bath towel.

23 保湿クリームを塗ってあげる
モイスチャライザー
I put moisturizer on his skin.

24 パジャマを着せる
I help him put on his pajamas.

25 髪を乾かしてあげる
I dry his hair.

tips

㉑ get out of ~ は「~から外へ出る、出ていく」。(p.70 ⑰参照)
㉒ bath towel は「バスタオル」。
㉓ moisturizer は「保湿クリーム」。
㉔ pajamas は「パジャマ」。(p.18 ㉔参照)

まずは、7章に登場するさまざまな単語を見て、
「トイレ・風呂」のシーンのイメージをつかもう。

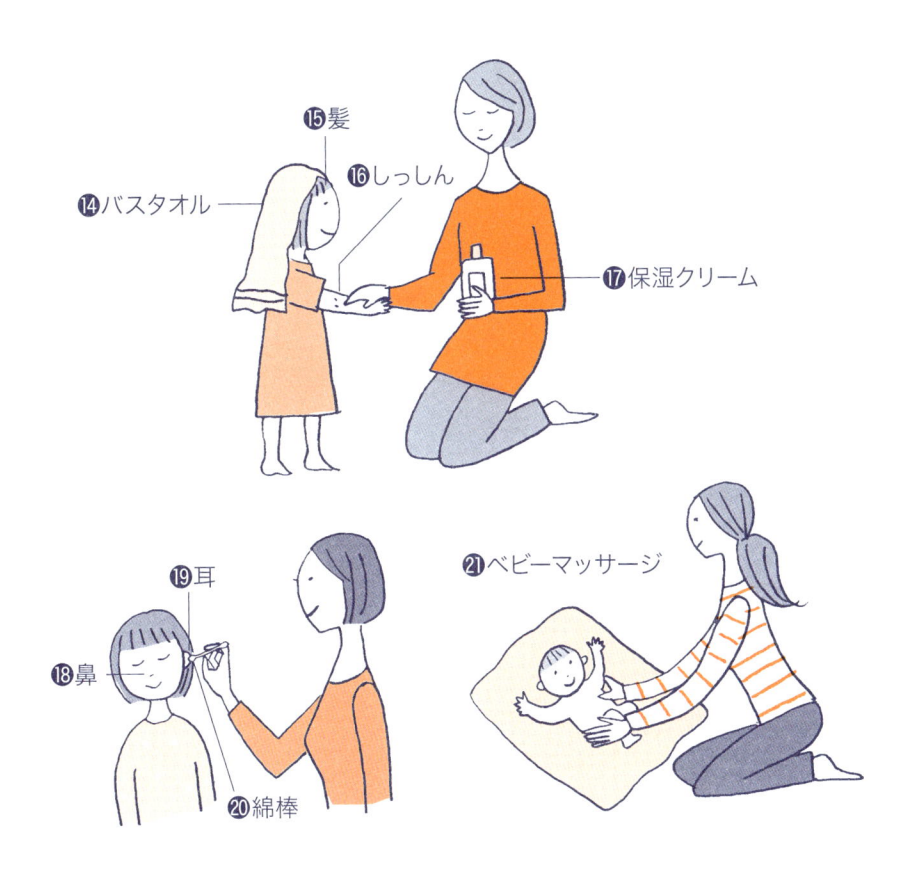

⑭バスタオル
⑮髪
⑯しっしん
⑰保湿クリーム
⑱鼻
⑲耳
⑳綿棒
㉑ベビーマッサージ

⑪shower　⑫head　⑬body　⑭bath towel　⑮hair　⑯rash
⑰moisturizer　⑱nose　⑲ear　⑳cotton swab　㉑baby massage

chapter 7 トイレ・風呂

1 トイレに行く
🍪 He goes to the bathroom.
バスルーム

2 幼児用便座に座る
🍪 He sits on the potty seat.
スィッツォンザ　パティスィート

3 手を洗う
🍪 He washes his hands.

4 タオルで手を拭く
🍪 He dries his hands with a towel.
ウィザ

5 服を脱ぐ
🍪 He takes off his clothes.
テイクソフ

tips

❶ go to the bathroom は「トイレに行く」。bathroom は本来「トイレを備えた浴室」で、アメリカでは「(家庭の) トイレ」を指す言葉になっている。お店などの「化粧室」は restroom と言う。
❷ potty seat は「幼児用便座」。
❹ dry ~'s hands with ... は「…で手を拭く」。

6　体重計に乗る
🍪 He steps on the scale.
　　ステップソン

7　洗濯機に服を入れる
🍪 He puts his clothes into the washing machine.

8　お風呂に入る
🍪😊 We take a bath.

9　シャワーで流してあげる
😊 I shower him.

10　顔を洗ってあげる
😊 I wash his face.

❻ step on ~ は「~(物の上)に乗る、上がる」。scale は「体重計」。
❼ washing machine は「洗濯機」。
❽ take a bath は「お風呂に入る」。
❾ shower は「~にシャワーを浴びせる」。

🍪は子どもの動き　😊は親の動きを表します

chapter ❼ トイレ・風呂

11 体を洗ってあげる
🧑 I wash his body.

12 ベビーシャンプーを使う
🧑 I use baby shampoo.

13 髪を洗ってあげる
🧑 I wash his hair.

14 お湯を頭からかけてあげる
🧑 I pour warm water over his head.
　　　　　　ヘッド

15 湯船につかる
👶
🧑 We soak in the tub.
　　　 ソウキン　　　　タブ

tips
⓬ baby shampoo は「赤ちゃん用シャンプー」。
⓮ pour water over ~ は「~に水をかける」。
⓯ soak は「つかる」。tub は「浴槽、バスタブ」。

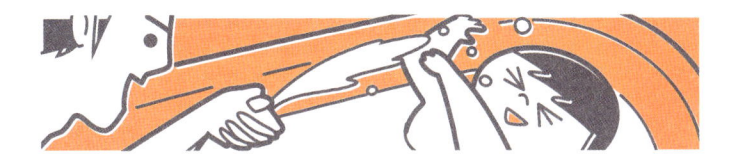

16 おもちゃを浮かべる
We float some toys in the tub.
フロウトサムトイズ / タブ

17 お風呂で遊ぶ
We play in the bath.

18 長風呂をする
We stay in the tub too long.
タブトゥー

19 お風呂で歌を歌う
We sing in the bath.
スィンギン

20 10まで数える
We count to 10.

⑯ float は「〜を浮かべる」。
⑱ stay in 〜 too long は「〜(場所)に長くい過ぎる」。
⑲ sing は「歌う」。
⑳ count は「数える」。

chapter 7 トイレ・風呂

21 湯船から出る
We get out of the tub.
(ゲタウトブ / タブ)

22 バスタオルで体を拭いてあげる
I dry his body with a bath towel.
(ウィザ)

23 保湿クリームを塗ってあげる
I put moisturizer on his skin.
(モイスチャライザー)

24 パジャマを着せる
I help him put on his pajamas.

25 髪を乾かしてあげる
I dry his hair.

tips
㉑ get out of ~ は「~から外へ出る、出ていく」。(p.70 ⑰参照)
㉒ bath towel は「バスタオル」。
㉓ moisturizer は「保湿クリーム」。
㉔ pajamas は「パジャマ」。(p.18 ㉔参照)

26 髪をとかしてあげる
🙂 I comb his hair.
コーム

27 爪を切ってあげる
🙂 I cut his nails.

28 綿棒で耳掃除をしてあげる
🙂 I clean his ears with a cotton swab.
ウィザ

29 鼻をかませる
🙂 I help him blow his nose.

30 ベビーマッサージをしてあげる
🙂 I give him a baby massage.

㉖ comb は「(髪を)くしでとかす」。
㉗「爪を切る」は cut ~'s nails、もしくは clip ~'s nails と言う。
㉘ clean ~ with ... は「~を…で掃除する」。cotton swab は「綿棒」。
㉙ blow ~'s nose は「~の鼻をかむ」。
㉚ give ~ a massage は「~にマッサージをしてあげる」。

chapter 7 トイレ・風呂

1 おトイレ行こうか。

It's time to use the potty now.

2 あっ、もう出ちゃったかな。

Oh, you already did it.

3 パンツ替えようね。

Let's change your underwear.

4 もうちょっとでおむつ取れるんだけどな。

She still needs diapers. But she's almost there.

❶potty は本来「おまる」。でも「トイレトレーニング」を potty training と言うように、「トイレ」と同じ意味で potty と言ったりする。(p.152 ❷参照)「おトイレ行こうか」は It's time to go to the bathroom. と言ってもよい。
❸underwear は「下着、パンツ」。
❹この almost there は「(成功・目標まで) あと一歩」。(p.69 ⓰、p.136 ❾参照)

5　まあ、みんないつかは取れるんだし。

Well, everyone stops wearing diapers someday.
（ダイパーズ）

6　焦らなくてもいいか。

I shouldn't feel pressured.
（プレシャード）

7　おしっこしたいの？

Do you want to pee?
（ワントゥー）

8　教えてくれて偉いね。

Well done for telling me.
（テリンミー）

❺ well はさまざまな状況で使う間投詞。ここでは「まあいいか、仕方ない」という意味で言っている。someday は「いつか、そのうち」。
❻ shouldn't = should not。feel pressured は「プレッシャーを感じる」。
❼ pee は「おしっこをする」の幼児語。(p.21 ❼参照) Do you want to go to the bathroom? と言ってもよい。
❽ Well done for ~ing は「〜して偉いね」。(p.70 ⓲参照)

chapter ❼ トイレ・風呂

9 すごいね！ さすがお姉さん（お兄さん）だね。
Great! You're such a big girl (boy).
サッチャ　ビッガール

10 またしたくなったら教えてね。
Please let me know again next time.
レッミー　　　　　　ネクスタイム

11 手を洗おうね。
Wash your hands.
ワッシュア

12 あっ、お風呂入る前に寝ちゃった……。
Oh, she's fallen asleep before taking a bath ...
フォールンナスリープ　　　　テイキンガ

❾Great! は「すごい！」。You're such a big girl (boy).は「何て大きい女の子（男の子）なの」、つまり「お姉さん（お兄さん）だね」と褒めている。
❿let me know は「教えてね」。
⓬she's＝she has。fall asleep は「眠りに落ちる、眠りにつく」。

13　起こしたら泣くだろうな。

She'll probably cry if I wake her.

14　今日はシャワーにしちゃおうかな。

A shower will do today.

15　お風呂入るよ〜！

It's bath time!

16　一人で脱げる？

Can you take your clothes off?
　　　　　　テイキュア　　　　クロウゾフ

⓭ probablyは「たぶん」。wakeは「〜を起こす」。
⓮ will doは「目的を果たす」。A shower will do.で「（お風呂に入らなくても）シャワーで十分」。
⓯ bath timeは「お風呂の時間」。

chapter 7 トイレ・風呂

17 お手伝いしようか？

Do you want me to help?

18 脱いだお洋服は洗濯機に入れてね。

Dirty clothes in the washing machine, please.

19 体重測ってみようか。

Hop on the scale.
(ホッポン)

20 あれ〜、体重なかなか増えないなあ。

Oh, her weight hasn't increased much.
(ウェイト) (ハズンティンクリーズト)

⑱ dirty は「汚れた」。
⑲ hop on ~ は「~にひょいと乗る、飛び乗る」。
⑳ weight は「体重」。increase は「増加する、増える」。否定文で使われる much は「あまり」という意味。

21 あ、ちょっと体重増えてる。やったね！
Oh, she's gained a little weight. Good!
ゲインダ　　　　　　　ウェイト　　　グッド

22 大きくなってきたね〜！
You're getting so big!
ビッグ

23 体形、変わってきたなあ。
Her body shape is changing.
シェイピズ

24 あれっ、しっしんができてる。どうしたんだろう。
Oh, there's a rash. I wonder why.
ゼアザ

㉑ she's = she has。gain weight は「体重が増える」。逆に「体重が減る」は lose weight。
㉓ body shape は「体形」。
㉔ rash は「しっしん」。I wonder why. は「なぜだろう」。

chapter 7 トイレ・風呂

25 後でクリーム塗り塗りしておこうね。

プッサム　　　　　　　　　オニッ

Let's put some cream on it later.

---

26 すごい！　自分で体洗えるんだね。

Wow! You're washing your body by yourself.

---

27 はい、流すよ〜。

Here comes the water.

---

28 お目目つぶって。

クロウジュア

Close your eyes.

㉕ cream は「(薬用・化粧用)クリーム」。later は「後で」。
㉖ by ~self は「自分だけで、独力で」。(p.26 ㉕、p.42 ❹参照)
㉗ here comes ~ は「ほら〜が来るよ」と注意を喚起するときの表現。(p.68 ❾参照)
㉘ close は「〜を閉じる」。

> **29** シャワーを嫌がらないから助かるなあ。
>
> (グレイッザッ)　(ダズンヘイッシャワーズ)
> **It's great that she doesn't hate showers.**

> **30** お耳に水入っちゃったかな？
>
> (ガディントゥ)
> **Has the water got into your ear?**

> **31** 嫌だったね、うん、うん。
>
> (ディドゥンライキッ)
> **You didn't like it, I know, I know.**

> **32** お湯、熱いかな。
>
> (マイッビー)　(ハッ)
> **The water might be hot.**

㉙ hate は「〜をひどく嫌う、嫌がる」。
㉚ got は get の過去分詞。
㉛ You didn't like it.(嫌だったね) と共感してもらえるだけで、子どもが落ち着くこともある。I know. は「分かってるよ」。
㉜ might be 〜 は「〜かもしれない」。

chapter 7 トイレ・風呂

33 しまった。お湯がぬるい。

Oh, no. The water is lukewarm.

34 お水ばしゃばしゃしないよ。

Don't splash the water, please.

35 ほら、アヒルさんだよ。

Here's the rubber duck.

36 お風呂の水飲まないよ。

Don't drink the water in the tub(タブ), please.

㉝ lukewarm は「微温の、生ぬるい」。
㉞ splash は「(水を)はね上げる、まき散らす」。
㉟ rubber duck は「ゴム製のアヒル」。

37 肩まで入って。10数えよう。

Up to your shoulders. Count to 10.
カウントゥ

38 いつまで一緒にお風呂に入れるのかな。

I wonder how long I can take a bath with you.
テイカ

39 もう上がろうか。

Let's get out.
ゲタウト

40 おもちゃ片付けようね。

Let's put the toys away.
プッザトイザウェイ

㊲ shoulder は「肩」。
㊳ I wonder how long ~ は「どれぐらい長く〜かしらと思う」。
㊵ put ~ away は「〜を片付ける、しまう」。(p.133 ㉗参照)

chapter 7 トイレ・風呂

41 アヒルさんにバイバイして。

Say bye-bye to the rubber duck.

42 誰が一番早くパジャマ着れるかな？ よーい、ドン！

Who can put on their pajamas first? Ready, set, go!

43 たまには一人でお風呂につかろうっと。

I'll enjoy a soak in the tub by myself for a change.

44 は〜、気持ちいい〜！

Ah, this is so relaxing!

---

❷ first は「一番に、最初に」。Ready, set, go! は「位置について、用意、ドン！」の掛け声。
❸ enjoy は「〜を楽しむ」。a soak in the tub は「お風呂につかること」。for a change は「たまには、珍しく」や「気分転換に、息抜きに」という意味。(p.45 ⓮、p.116 ⓲参照)

45 抱っこは腰にくるんだよね。

Carrying her really gets to my back.

46 あー、生き返った！

I feel so revitalized!
リヴァイタライズド

㊺ get to ~ は「～にこたえる」。
㊻ revitalized は「活力を取り戻した」。

Quick Check

本章に出てきたフレーズを復習しましょう。以下の日本語の意味になるよう
英文を完成させてください。答えはページの下にあります。

❶ 服を脱ぐ。 ➡P152
He ( ) ( ) his clothes.

❷ 洗濯機に服を入れる。 ➡P153
He ( ) his clothes ( ) the washing machine.

❸ お風呂に入る。 ➡P153
We ( ) a ( ).

❹ お湯を頭からかけてあげる。 ➡P154
I ( ) warm water ( ) his head.

❺ 湯船につかる。 ➡P154
We ( ) in the tub.

❻ 10まで数える。 ➡P155
We ( ) to 10.

❼ 爪を切ってあげる。 ➡P157
I ( ) his ( ).

❽ 教えてくれて偉いね。 ➡P159
( ) ( ) for telling me.

❾ しまった。お湯がぬるい。 ➡P166
Oh, no. The water is ( ).

❿ 抱っこは腰にくるんだよね。 ➡P169
Carrying her really ( ) ( ) my back.

---

❶ takes/off ❷ puts/into ❸ take/bath ❹ pour/over ❺ soak ❻ count
❼ cut/nails ❽ Well/done ❾ lukewarm ❿ gets/to

---

chapter 7のフレーズを使った会話もチェックしてみましょう ➡P208へ!

chapter ⑧
夜
At Night

寝る前は、親子のくつろぎのひととき。
子どもを膝に乗せて、読み聞かせの時間。
子どもがあくびをしたら、
寝室で布団にくるまり寝かしつけ。
おっといけない、子どもと寝ちゃった。
いい夢みてね。また明日。

chapter 8 夜

Words 単語編

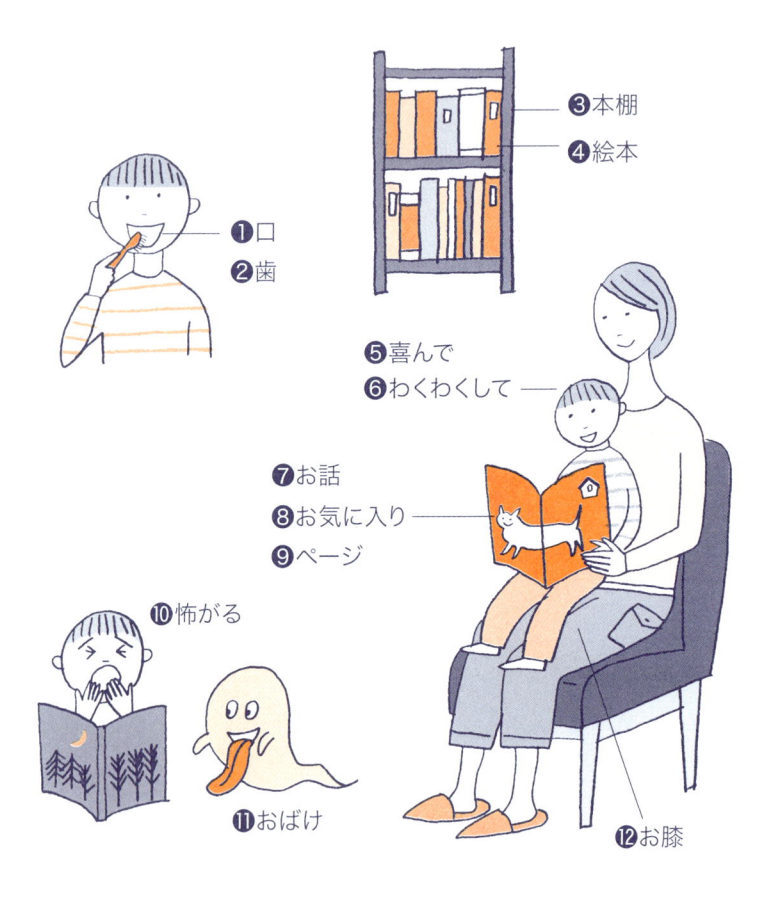

❶口
❷歯
❸本棚
❹絵本
❺喜んで
❻わくわくして
❼お話
❽お気に入り
❾ページ
❿怖がる
⓫おばけ
⓬お膝

❶mouth　❷teeth　❸bookshelf　❹picture book　❺delighted
❻excited　❼story　❽favorite　❾page　❿scared

まずは、8章に登場するさまざまな単語を見て、
「夜」のシーンのイメージをつかもう。

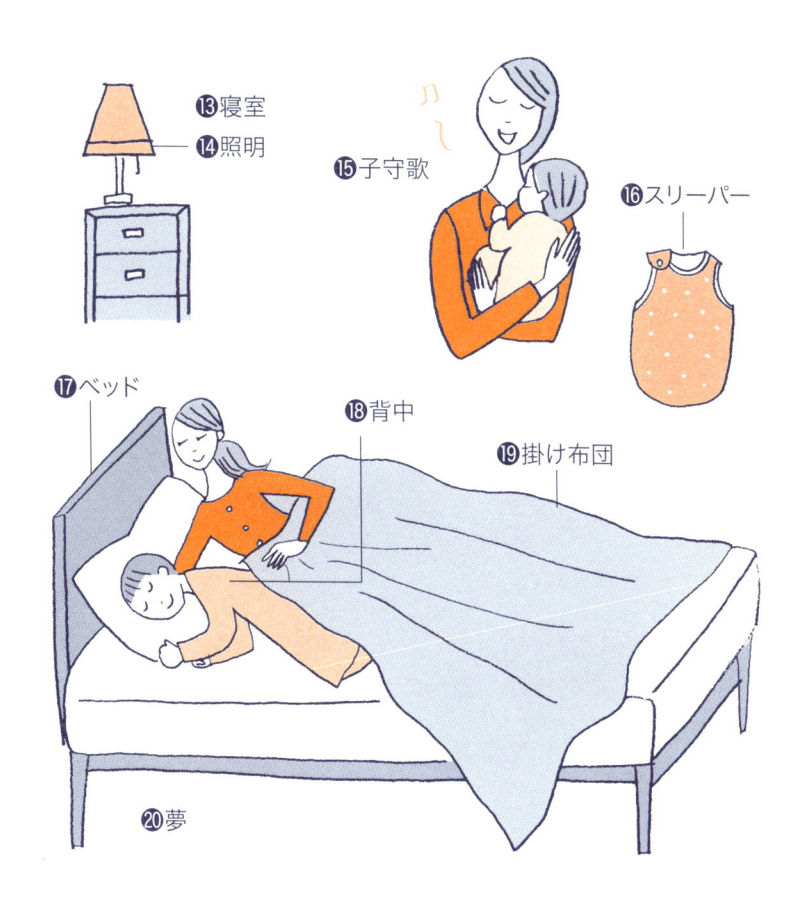

⓭寝室
⓮照明
⓯子守歌
⓰スリーパー
⓱ベッド
⓲背中
⓳掛け布団
⓴夢

⓫ghost　⓬lap　⓭bedroom　⓮light　⓯lullaby
⓰sleeping vest　⓱bed　⓲back　⓳comforter　⓴dream

chapter 8 夜

1　歯を磨く
She brushes her teeth.

2　ブクブクする
She gargles.
ガーグルズ

3　仕上げ磨きをしてあげる
I help her finish brushing her teeth.

4　本棚に行く
We go to the bookshelf.

5　絵本を選ぶ
We pick out a picture book.
ピッカウタ

tips
❶ brush ~'s teeth は「歯を磨く」。
❷ gargle は「うがいをする」。
❹ bookshelf は「本棚」。
❺ pick out ~ は「~を選ぶ、選び出す」。picture book は「絵本」。

6　本を開く

😊 I open the book.

7　ページをめくる

😊 I turn the page.

8　ひらがなを読む

😊 She reads the *hiragana*.

9　絵を指さす

ポインツァッザ
😊 She points at the pictures.

10　怖がる

スケアード
😊 She is scared.

❼ turn the page は「ページをめくる」。
❾ point at ~ は「~を指さす」。
❿ scared は「怖がる」。

😊 は子どもの動き　😊 は親の動きを表します

chapter 8 夜

11 喜ぶ
She is delighted. (ディライディッド)

12 興奮する
She is excited.

13 大笑いする
She laughs out loud. (ラフサウラウド)

14 本を閉じる
I close the book.

15 あくびをする
She yawns. (ヨーンズ)

tips
⓫ delighted は「喜ぶ」。
⓬ excited は「わくわくして、興奮して」。
⓭ laugh out loud は「大笑いをする、声を出して笑う」。ちなみにインターネットの略語、lol(大笑い)は、この頭文字をとっている。
⓯ yawn は「あくびをする」。

体の動き

16 スリーパーを着せる
I help her put on a sleeping vest.
プトンナ / ヴェスト

17 寝室に行く
We go to the bedroom.
ベッルーム

18 ベッドに入る
We get into bed.
ゲティントゥ

19 今日あったことを話す
We talk about the day.
トーカバウト

20 心地よく寄り添う
We snuggle up.
スナゴルラップ

⓰ sleeping vest は「(乳幼児が眠るときに着る)防寒ベスト、スリーパー」。
⓱ bedroom は「寝室」。
⓴ snuggle up は「心地よく横になる、寄り添う」。

chapter 8 夜

21 髪をなでる
😊 I stroke her hair.

22 抱いて寝かしつける
😊 I rock her to sleep in my arms.

23 子守歌を歌う
😊 I sing her a lullaby.
（ララバイ）

24 背中をトントンする
😊 I pat her gently on the back.

25 添い寝をする
😊 I sleep alongside her.

tips
㉑ stroke は「〜をなでる」。
㉒ rock 〜 to sleep は「〜を揺らして寝かしつける」。
㉓ lullaby は「子守歌」。
㉔ pat は「〜を（愛情表現として）軽くたたく」。(p.15 ❻参照) gently は「優しく」。
㉕ alongside は「〜の横側に、〜と並んで」。

26 布団を蹴る
😊 **She kicks her comforter off.**

27 寝言を言う
トークスィン
😊 **She talks in her sleep.**

28 布団を掛けてあげる
😊 **I cover her with her comforter.**

29 子どもと一緒に寝落ちする
フォーラスリープ
😊 **I fall asleep**
ウィッザ
with the kids.

30 電気を消す
ターンノフ
😊 **I turn off the light.**

㉖ comforter は「掛け布団」。kick ~ off で「~を蹴り飛ばす」。
㉗ talk in ~'s sleep は「寝言を言う」。
㉘ cover ~ with ... は「~に…をかぶせる」。
㉙ fall asleep は「眠りに落ちる、寝入る」。(p.160 ⑫参照)
㉚ turn off ~ は「~を消す」。

chapter 8 夜

1 歯磨きするよ。

It's time to brush your teeth.

2 お口あーんしてね。

Open your mouth, please.

3 お口ピッカピカにしようね。

_{メイキュア} _{ナイサンクリーン}
Let's make your teeth nice and clean.

4 もうちょっとで終わるよ。

_{オールモスダン}
Almost done.

---

❷歯磨きをしている最中なら、mouth（口）と言うまでもなく、Open wide.（あーんして）だけでもよい。

❸nice and cleanは「きれいに」。nice and ~ は「ずいぶん〜、とても〜」と、後に続く形容詞を強調する表現になる。（p.42 ❷参照）

CD 16

5 絵本読もうか。

It's time <ruby>for<rt>フォア</rt></ruby> a story.

6 ママとパパ、どっちに絵本読んでほしい？

Do you want Mommy or Daddy to read you a story?

7 好きな本選んでいいよ。

<ruby>Go ahead<rt>アヘッダン</rt></ruby> and <ruby>pick<rt>ピッカ</rt></ruby> a story.

8 この本がお気に入りなのね。

You like this one, <ruby>don't you<rt>ドウンチュー</rt></ruby>?

❺ time for a story は「お話（読み聞かせ）の時間」。
❼ Go ahead and ~ は命令形で、「さあ～しなさい、～していいよ」と何かをするよう促す表現。(p.98❷参照)　例)Go ahead and throw the ball.（ボールを投げていいよ）
❽「お気に入り」は、ほかに favorite という言い方もできる。例)This one is your favorite now, isn't it?

chapter 8 夜

9 この本、小さいころに読んだことある。
I read this when I was little.
(レッディス / ウェナイワズ)

10 これ、好きだったな〜。
It used to be my favorite.
(イトユーストゥー / フェイヴリッ)

11 お膝に座る？
Do you want to sit on my lap?
(ワントゥー / スィトン)

12 ドキドキするね〜。
Exciting, isn't it?
(イズンニッ)

❾この read は過去形で、「読んだ」。when I was little は「私が子どもだったとき」。
❿used to ~ は「昔は〜だった、以前は〜だった」と、過去の状態について述べる表現。例) I used to be scared of dogs.（昔は犬が怖かったんだ）
⓬exciting は「わくわくさせる、面白い」。

13 次は何かな？

What happens next?

14 ヒュ〜ドロドロ〜。おばけだぞ〜！

Ooh, here comes the ghost!
（ゴウスト）

15 怖い？

Are you scared?
（スケアード）

16 このお話好き？

Do you like this story?
（ライッズィストウリー）

⓭ happen は「起こる、発生する」。What happens next? で「次は何が起こるのかな？」。
⓮ here comes ~ は「〜がやってくる」。(p.68 ❾、p.164 ㉗参照) ghost は「おばけ、幽霊」。

chapter 8 夜

17 これ何か知ってる?
　　　　　　　　　ワッズィスィズ
Do you know what this is?

18 ねずみさんだよ。
　　イッツァ
It's a mouse.

19 ねずみさんがお洋服着てるね。
The little mouse is wearing clothes.

20 わあ〜、大きなカステラ！　おいしそう！
　　　　ルッカッザ　　　　　　　　　　　スパンヂ
Oh, look at the big yellow sponge cake!
　　ヤミィ
Looks yummy!

⓱絵本を読んでいると、挿絵をきっかけに会話も広がるもの。
⓳wear clothes は「洋服を着ている」。洋服を着ているねずみが主人公のお話と言えば、何でしょう。
⓴カステラは、日本ならではのお菓子なので、sponge cake でよい。big yellow sponge cake は「大きな黄金色のカステラ」。

21 楽しそうだね。
<small>イッルックス</small>
It looks like fun.

22 はい、おしまい。
<small>ズィ</small>
The end.

23 この絵本、なかなかよくできてるな。
This is a well-written story.

24 この絵本、話が長い……。
This is a long one.

㉑ fun は「楽しいこと」。look like ~ は「~のように見える」。
㉒ The end. は、「終わり、完」で、映画や物語を締めくくる言葉。
㉓ well-written は「うまく書かれている、よくできている」。
㉔ この one は代名詞で「物」。This is a long one. で「これ、長いやつだ」。

chapter 8 夜

25 この絵本、もうそらで言える。

I already know this story by heart.

26 もう一冊読もうか？

Shall we read another one?

27 寝る時間だよ。

It's time to go to sleep.

28 パパにおやすみって言おうか。

Let's say good night to Daddy.
(グッナイトゥ)

㉕ by heart は「暗記して」。
㉖ another は「もう一つの」。Shall we read another book? のように、book を繰り返して言うことを避けるために、another one としている。
㉗ go to sleep は「眠りにつく、寝付く」。
㉘ good night は「おやすみなさい」。

29 明日は幼稚園だよ。もう寝ようね。

You have kindergarten tomorrow. Let's sleep.
（キンダーガーデン）

30 電気消すよ。

I'm turning off the light.
（ターニンゴフ）

31 目をつぶって、お口にチャックしてー。

Close your eyes, and no more talking, all right?

32 まずい。興奮してる。

Oh, dear. He's hyperactive.
（ハイパーアクティヴ）

㉙ have ～ tomorrow は「明日（の予定）がある」と言うときの表現。例）You have soccer practice tomorrow.（明日サッカーの練習があるよ）
㉛ no more ～ing は「これ以上～はなし、～はおしまい」。
㉜ hyperactive は「異常に活発な」で、特に子どもが興奮しているときに使う。

chapter 8 夜

33 はいはい、もう寝ようね。

All right, nighty-night.

34 今日は早く寝付くかな。

フォールザスリープ
I hope he falls asleep quickly today.

35 お布団にくるんであげるね。

タッキュー
Let's tuck you in.

36 いい夢見てね。

スウィードゥリームズ
Sweet dreams.

㉝ nighty-night は good night と同じ意味。子どもにこの言い方をすることが多い。
㉞ fall asleep は「眠りに落ちる、寝入る」。(p.160 ⑫、p.179 ㉙参照)
㉟ tuck ~ in は「~を心地よく寝具にくるむ、包み込む」。
㊱ Sweet dreams. は「いい夢見てね」という定番表現。

37 いつも布団蹴飛ばして。寒くないのかな？

He keeps kicking the comforter off.
Doesn't he get cold?

38 やっと寝たよー！

He's finally asleep!

39 また一緒に寝ちゃった……。

I've fallen asleep again ...

40 このまま寝ちゃおうかな。

Maybe I'll just sleep till morning.

㊲ keep ~ing は「いつも～をする、～し続ける」。例）She keeps crawling out of bed.（ベッドからいつも抜け出す）get cold は「寒くなる」。
㊳ finally は「ついに、とうとう」。
㊴ 添い寝をすると、ついつい一緒に寝てしまうもの。again（また）を付けると、「またやっちゃった……」というニュアンスになる。
㊵ まだまだやることはあるけれど、もうあきらめて寝てしまおうか、と考えを巡らすときのつぶやき。till ~ は「～まで」。

chapter 8 夜

41 よく寝てる。

He's sleeping well.

42 寝顔を見ているときが一番幸せ。

I love watching him sleep. This is my happiest time.
（ハピエスタイム）

43 寝顔は天使だね。

He looks like an angel when he's asleep.
（ライカンエンジェル）（ヒーザスリープ）

44 おやすみ。明日の朝会おうね。

Good night. See you in the morning.
（グッナイト）

㊶ sleep well は「ぐっすり眠る、熟睡する」。
㊷ happiest time は「最も幸せな時間」。
㊸ angel は「天使」。「寝顔」は sleeping face とも言う。
㊹ See you. は「じゃあね、またね」。See you in the morning. は「明日もいっぱい楽しいことしようね」という気持ちを込めて言う定番表現。

CLOSE UP!
入れ替え表現 ④

8章で紹介した表現の中から、ほかの単語とも入れ替えて使える表現を一つご紹介します。下記は単語例です。繰り返し練習して使いこなせるようにしましょう。

おばけだぞ～！
Here comes the ghost!

➡ p.183 ⑭

[単語例]

sun	**rain**	**train** *1	**car**
太陽	雨	電車	車

ball	**soup**	**water** *2
ボール	スープ	お湯

[例文]

Oh, no! Here comes the rain. I left my umbrella at home.
しまった！ 雨が降ってきた。傘、家に置いてきちゃった。

Here comes the soup. It's hot. Be careful.
スープだよ。熱いから気を付けて。

Here comes ~. は「～がやってくる」と、注意を促す言葉。移動や食事、入浴のときなど、子どもの注意を促したいさまざまなシーンで使うことができる。
*1 p.68 ❾、*2 p.164 ㉗参照。

親だっていろいろある！
つぶやき表現 番外編

[幼稚園編] DL MP3_04

子どもの入園はうれしいけれど、
入園したらやることもたくさん。
ここでは、「幼稚園」にまつわるつぶやき表現をご紹介します。

(1) 面接で何を聞かれるんだろう？
I wonder what they'll ask us at the interview.

(2) 公立幼稚園って、いろいろ規則が細かいのね。
Public kindergartens have so many picky rules.

(3) 家に近い幼稚園がいいわよ。
We should choose a kindergarten near our house.

(4) この幼稚園の制服、かわいいわあ。
The uniforms at this kindergarten are really cute.

(5) 入園してからよく病気になるなあ。
She's been sick so many times since she began kindergarten.

(6) げ、雨が降ってる。今日のお迎えどうしよう。
Oh, no, it's raining. What am I going to do about today's pick up?
※pick up：お迎え

(7) バザーに出す物何かあるかな？
Do I have anything to donate to the bazaar?

(8)手作りの上履き袋、持って行かないといけないの？
You mean his slipper bag has to be handmade?

---

(9)洗濯物、多すぎ。もう干す場所ないよ。
Too much laundry. I have no more space to hang it.

---

(10)毎日のお弁当作りって、面倒くさいなあ。
Making lunch every day can be such a bother.
※bother：面倒

---

(11)給食がある幼稚園にすればよかった。
I should have chosen a kindergarten that serves lunch.
※serve：(食事を)出す

---

(12)げ、スクールバスが来ちゃう。
Oops, the school bus will be coming soon.

---

(13)子どもが幼稚園にいるこの数時間が天国よねえ。
It's like being in heaven these few hours when she's at kindergarten.

---

(14)えっ、もうお迎えに行く時間？
I can't believe it's time to pick him up already.

---

(15)こんなの毎日相手にしてるんじゃ、先生たちも大変だ。
It must drive the teachers crazy to deal with all these noisy children every day.
※drive ~ crazy：～(人)を怒らせる　　deal with ~：～を相手にする

Quick Check

本章に出てきたフレーズを復習しましょう。以下の日本語の意味になるよう
英文を完成させてください。答えはページの下にあります。

❶ 歯を磨く。 ➡P174
She (   ) her (   ).

❷ ブクブクする。 ➡P174
She (   ).

❸ 大笑いする。 ➡P176
She (   ) out loud.

❹ あくびをする。 ➡P176
She (   ).

❺ 今日あったことを話す。 ➡P177
We (   ) (   ) the day.

❻ 心地よく寄り添う。 ➡P177
We (   ) up.

❼ 寝言を言う。 ➡P179
She talks (   ) her (   ).

❽ 子どもと一緒に寝落ちする。 ➡P179
I (   ) (   ) with the kids.

❾ この絵本、なかなかよくできてるな。 ➡P185
This is a (   ) story.

❿ この絵本、もうそらで言える。 ➡P186
I already know this story (   ) (   ).

---

❶ brushes/teeth ❷ gargles ❸ laughs ❹ yawns ❺ talk/about ❻ snuggle
❼ in/sleep ❽ fall/asleep ❾ well-written ❿ by/heart

chapter 8 のフレーズを使った会話もチェックしてみましょう ➡P210へ!

Dialogues
〜会話にトライ!〜

本書に出てきたさまざまなフレーズは、日常会話でも使えるものばかり。各章に二つずつ、会話形式のストーリーを用意しました。音声に合わせて繰り返し練習しましょう。

☀ chapter ❶ 朝

❶ パパとママ、朝の業務連絡

CD 17

Dad: **Good morning. Did you sleep well?**
Mom: **Oh, ❶not very well. I didn't get enough sleep. Tom got cranky early this morning.**
Dad: **Yes, I ❷heard. He was in a bad mood last night. Did you change his diaper?**
Mom: **❸No, not yet. Can you pat his back? He hasn't burped after I breast-fed him.**
Dad: **Sure. Oh, no! Look at the time. It's time to wake up Sophie. I'll help her get dressed.**
Mom: **Thanks! I'll make breakfast.**

パパ：おはよう。よく眠れた?
ママ：ううん、あんまり。睡眠不足だわ。トムが今朝早くにぐずったのよ。
パパ：ああ、聞こえたよ。昨日の夜はご機嫌ナナメだったよね。おむつ替えた?
ママ：ううん、まだ。背中トントンしてあげてくれる? 授乳した後、ゲップしてないの。
パパ：もちろん。ひえ〜! もうこんな時間。ソフィーを起こす時間だ。ソフィーの着替えを手伝うよ。
ママ：ありがとう! 私は朝ご飯を作るわ。

【語注】
❶ not very well　あんまり
❷ hear　聞く、聞こえる
❸ No, not yet.　まだです。

In the Morning

❷ 一人でお着替えできるかな?

CD 18

Dad: **Sophie, time to wake up! Oh, are you awake ❶already? It's time to get dressed.**
Sophie: **I have to take off my pajamas ❷first.**
Dad: **OK, I'll take your clothes out of the drawer.**
Sophie: **I can fold my pajamas.**
Dad: **You're a good girl! What do you want to wear today?**
Sophie: **I want to wear my purple pants.**
Dad: **OK, ❸let me help you put on your T-shirt first. Lift your arms.**
Sophie: **I want to wear the blue one.**

パパ:ソフィー、起きる時間だよ! あれ、もう起きてる? お着替えの時間だよ。
ソフィー:まずパジャマを脱がなきゃ。
パパ:分かったよ。引き出しからお洋服出してあげるよ。
ソフィー:パジャマ、自分でたためるよ。
パパ:いい子だね! 今日は何を着る?
ソフィー:紫のズボンがいいな。
パパ:分かったよ。まずTシャツを先に着よう。バンザイして。
ソフィー:青いTシャツがいい。

【語注】
❶already すでに
❷first まずは
❸let me ~ (私に)~させて

chapter ❷ 散歩・公園

❶ 家族でお散歩楽しいな

Dad: **It's warm today. Let's take Tom and Sophie to the park.**
Mom: **❶That's a good idea. I'll put sunscreen on the kids.**
Dad: **Let's ❷leave the car at home today.**
Mom: **OK, but there's ❸not much to do at our ❹local park.**
Dad: **The kids will have fun just running around.**
Mom: **❺That's true. And we can stroll along the river.**
Dad: **Yes, I love walking along the river.**
Mom: **Shall we get going then?**

パパ：今日は暖かいね。トムとソフィーを公園に連れていこう。
ママ：そうしましょ。子どもたちに日焼け止め塗るわね。
パパ：今日は家に車を置いていこう。
ママ：ええ、でも、近所の公園じゃ大してすることないわよ。
パパ：子どもたちは走り回るだけで楽しいだろ。
ママ：確かに。川沿いを歩いたりできるしね。
パパ：そうそう。川沿いは気持ちいいよね。
ママ：じゃあ行きましょうか。

【語注】
❶ That's a good idea. いい考えだ。
❷ leave ～を置いていく
❸ not much to do することが大してない
❹ local 地元の
❺ That's true. そうだね。

At the Park

❷ 今日も大人は井戸端会議

CD 20

Mom: **Hi, ❶how's it going?**
Friend: **Oh, hi. Hi, Tom. Wow, you're such a good walker now!**
Mom: **Yes, he's really starting to walk.**
Friend: **❷So is my Harry. I should let him do more things ❸on his own.**
Mom: **I know ❹what you mean. I still can't take my eyes off Tom.**
Friend: **Well, it looks like he's getting better at sharing now.**
Mom: **Yes, he's starting to play well with other children ❺these days.**
Friend: **Oh, Harry! Hey! No fighting.**

ママ：こんにちは、元気?
友達：こんにちは。こんにちは、トム。あら、アンヨが上手になったわね!
ママ：そうなの。だいぶ歩けるようになってきたわ。
友達：うちのハリーもそうよ。もっとハリーにいろいろやらせてあげなきゃ。
ママ：分かるわ。まだトムから目が離せないもの。
友達：ねえ、トムは貸し借りが上手になってきたように見えるけど。
ママ：そうなの。最近だいぶほかのお友達と仲良く遊べるようになってきたのよ。
友達：あっ、ハリー! コラ! けんかはしないよ!

【語注】
❶ How's it going?　元気?
❷ So is ~　～もまた
❸ on ~'s own　自力で、思うとおりに
❹ what you mean　意味すること、言いたいこと
❺ these days　最近

chapter ❸ レジャー

❶ みんなで楽しいピクニック

CD 21

Mom: **Let's go on a family outing today.**
Dad: **Good idea. I'll make rice balls for lunch. Where do you want to go?**
Mom: **❶How about having a picnic by the river?**
Dad: **OK. We could walk, but it will be easier to drive.**
Mom: **Yes, cars are so convenient when you have kids, aren't they?**
Dad: **They really are. I've finished making the rice balls. What side dishes should I make now?**
Mom: **Let's buy something ❷on the way.**
Dad: **OK. Come on, everyone! Get in the car!**

ママ：今日は家族でお出掛けしましょう。
パパ：いいね。お昼に食べるおにぎり作るよ。どこ行きたい?
ママ：川のそばでピクニックはどう?
パパ：いいね。歩けるけど、車の方が楽かな。
ママ：そうね。子どもがいると車ってホントに便利よね。
パパ：同感。さあ、おにぎり作り終わったよ。おかずは何にする?
ママ：途中で買いましょう。
パパ：了解。さあみんな! 車に乗って!

【語注】
❶ How about ~?　〜はどう?
❷ on the way　途中で

Leisure

❷ ピクニックから帰って

CD 22

Grandma: **Did you have a nice picnic?**
Mom: **Yes, I'm so glad we went out. ❶Here is a picture we took.**
Grandma: **Oh, this is nice. What a good picture!**
Mom: **Oh, yes. Look at Tom. His clothes are covered with food.**
Grandma: **I suppose Sophie missed her nap today.**
Mom: **Yes, and she did a lot of walking today ❷as well.**
Grandma: **No wonder she looks so tired in this picture.**
Mom: **We all do! Going out with kids is exhausting.**

祖母：ピクニック、楽しかった？
ママ：うん。出掛けてよかった。これ、撮った写真よ。
祖母：あら、いいわね。よく撮れてる！
ママ：でしょ？ トムを見て。お洋服がご飯だらけ。
祖母：ソフィー、お昼寝しなかったでしょ。
ママ：そうなの。それに今日はたくさん歩いたし。
祖母：道理で、この写真のソフィー、疲れた顔してるよ。
ママ：みんな疲れた顔してるでしょ！ 子連れでお出掛けは
　　　エネルギーがいるわ。

【語注】
❶ here is ～　これは～だ
❷ ～ as well　～もまた

🍴 chapter ❹ 食事

❶ 母と娘の攻防戦

CD 23

Mom: **Sophie, let's eat. Come sit at the table.**
Sophie: **Beans and green peppers ... ❶Yuck!**
Mom: **Eating beans will give you energy. And you like that fish.**
Sophie: **But I don't like green peppers.**
Mom: **Let's share them. Mmm, yummy!**
Sophie: **Do you want some more?**
Mom: **No, you have to eat some.**
Sophie: **Do you want some beans?**

ママ：ソフィー。さあ、食べましょ。テーブルに着いて。
ソフィー：お豆とピーマン……うえ～!
ママ：お豆食べると元気になるよ。そのお魚、好きでしょ。
ソフィー：でも、ピーマンは嫌い。
ママ：半分こしよう。あー、おいしい!
ソフィー：おかわりは?
ママ：ダメ、少しは食べて。
ソフィー：お豆はどう?

【語注】
❶ Yuck!　うえ～!

— Mealtime

❷ 昔と変わらぬ子どもの好き嫌い

CD 24

Mom: **Are there any leftovers in the fridge?**
Dad: **Yes, I'll just heat up some frozen rice as well.**
Mom: **Sophie's such a light eater. I'm ❶a bit worried.**
Dad: **Well, as long as she's getting some nutrients, I'm happy.**
Mom: **I suppose she is. She didn't eat any green peppers.**
Dad: **I didn't like green peppers when I was little, either.**
Mom: **What did your ❷parents do?**
Dad: **My mom used to put all the vegetables in the miso soup.**

ママ：冷蔵庫に何か残ってるかな？
パパ：あるよ。冷凍ご飯もチンするよ。
ママ：ソフィーは食が細くて。ちょっと心配だわ。
パパ：まあ、栄養が取れていればいいよ。
ママ：たぶん、取れていると思う。ピーマン全然食べなかったのよ。
パパ：僕も小さいころ、ピーマン苦手だったよ。
ママ：ご両親はどうしたの？
パパ：おふくろは、とにかく野菜はみそ汁に入れてたよ。

【語注】
❶a bit 少し
❷parent 親

chapter ❺ しつけ

❶ 尽きない育児の悩み

CD 25

Friend: **How do Tom and Sophie ❶get along?**
Mom: **Sophie gets jealous of Tom.**
Friend: **It's the same with Millie and Harry. Millie starts acting like a baby.**
Mom: **Well, Sophie sometimes throws a tantrum.**
Friend: **Oh, it's just a stage she is going through.**
Mom: **Yes, I'm sure it is. But ❷I sometimes wonder, "Am I too tough?"**
Friend: **I'm always thinking that, or "Am I too soft?"**
Mom: **Oh, well, nobody's perfect.**

友達：トムとソフィーは仲良くやってる?
ママ：ソフィーは、トムに焼きもちを焼いてるわ。
友達：(うちの) ミリーとハリーも一緒よ。ミリーは、赤ちゃん返りをしているもの。
ママ：ソフィーはときどき、かんしゃくを起こすの。
友達：ああ、そういう時期なだけなのよ。
ママ：ええ、もちろんそうね。でもときどき思うの。「私、厳し過ぎ?」って。
友達：私なんて、いつもそう思うわ。もしくは、「私、甘やかし過ぎ?」ってね。
ママ：そうね、完璧な人なんていないんだしね。

【語注】
❶get along　仲良くする
❷I wonder ~　~かしらと思う

— Discipline

❷ 今日も終わらぬ兄弟げんか

CD 26

Sophie: **Stop it, Tom!**
Mom: **Why's Tom ❶crying, Sophie? I know you're up to something. What are you doing?**
Sophie: **He threw my toys.**
Mom: **So what did you do? Remember we talked about this? He didn't ❷mean to do anything wrong.**
Sophie: **He did!**
Mom: **He just wants to play with you.**

ソフィー：やめて、トム!
ママ：ソフィー、どうしてトムが泣いてるの? 何かしていたの分かっているわよ。何をしてるの?
ソフィー：トムがおもちゃを投げたの。
ママ：それで、あなたは何をしたの? 思い出して。お約束したでしょ? トムもいじわるしてたわけじゃないの。
ソフィー：してたよ!
ママ：トムは、ソフィーと一緒に遊びたいだけなのよ。

【語注】
❶ cry 泣く
❷ mean to ~ 故意に~する

chapter ❻ 成長

❶ ママとじいじ、子どもの写真を眺める

CD 27

Grandpa: **Tom's just learned how to sit, and now he's crawling?**
Mom: **Yes, and he follows me everywhere. Everything has to be Mom right now.**
Grandpa: **His face has changed so much already since he was born.**
Mom: **Do you think he looks like Mommy or Daddy?**
Grandpa: **He's like you! Look at that smug little face.**
Mom: **But he's so mischievous these days.**
Grandpa: **You were, too!**

祖父：トムはお座りできるようになったと思ったら、もうハイハイしてるの?
ママ：そうなの。トムは私の後追いしてるの。今はママ以外ダメなんだよね。
祖父：生まれたときともう顔が違うね。
ママ：ママとパパ、どっちに似てると思う?
祖父：お前に似てるよ! 見て、このドヤ顔。
ママ：でもトム、最近ずいぶんやんちゃになったのよ。
祖父：お前だってそうだったよ!

― Growing Up

❷ お片付け、できるかな?

CD 28

Dad: **Uh-oh, there are toys all over the place.**
Sophie: **Tom did it! He always scatters the toys around.**
Dad: **Let's tidy up together. Can you help me?**
Sophie: **I'm hungry. Can I have a snack first?**
Dad: **Tidy up first, then it'll be snack time.**
Sophie: **I'll put my toys away.**
Dad: **You're such a good girl. I'll put Tom's away.**
Sophie: **Finished!**

パパ：あーっ、おもちゃが散らかってる。
ソフィー：トムがやったんだよ！ トムはいつもおもちゃを散らかすの。
パパ：一緒にお片付けをしよう。お手伝いしてくれるかな？
ソフィー：おなかがすいたよ。おやつ、先に食べていい？
パパ：お片付けが終わってから、おやつの時間だよ。
ソフィー：じゃあ、自分のおもちゃをお片付けする。
パパ：よしよし、いい子だ。パパはトムのおもちゃを片付けるよ。
ソフィー：終わった！

chapter ❼ トイレ・風呂

❶ パパと一緒に楽しいお風呂

CD 29

Sophie: **I'm tired.**
Dad: **A shower will do today. Oh, there's a rash on your back. I wonder why. Does it ❶itch?**
Sophie: **No.**
Dad: **Let's put some cream on it later. Wash your arms.**
Sophie: **I'm washing now!**
Dad: **Good girl. Wow! You're washing your body by yourself!**

ソフィー：疲れたー。
パパ：今日はシャワーでいっか。あれ、背中にしっしんがある。どうしたんだろう。 かゆい?
ソフィー：ううん。
パパ：後でクリーム塗り塗りしておこうね。 腕を洗って。
ソフィー：今洗ってるよ!
パパ：いい子だ。 すごい!　自分で体洗ってるよ!

【語注】
❶itch　かゆい

— Bathtime

❷ お風呂上がりは大忙し

CD 30

Mom: **Dry your body with this bath towel.**
Sophie: **❶Ugh, Mom, Tom's ❷smelly!**
Mom: **But I've just changed his diaper!**
Sophie: **My hair's still ❸wet.**
Mom: **We'll dry your hair ❹in a minute. I can help you put on your pajamas.**
Sophie: **Mom, you have to cut my nails.**
Mom: **I have to change Tom's diaper first.**
Sophie: **Do you want me to help?**

ママ：このバスタオルで体を拭いて。
ソフィー：うわっ、ママ、トムが臭いよ!
ママ：でもおむつ替えたところよ!
ソフィー：髪まだぬれてるよ。
ママ：すぐに乾かそうね。パジャマ着るの手伝ってあげるね。
ソフィー：ママー、爪切って。
ママ：まずはトムのおむつ替えないと。
ソフィー：お手伝いしようか?

【語注】
❶ugh　うわっ、うっ
❷smelly　臭い
❸wet　ぬれた
❹in a minute　すぐに

🌙 chapter ❽ 夜

❶ パパのお膝で絵本タイム

CD 31

Dad: **Do you want Daddy to read you a story?**
Sophie: **Yes, I want the one about the penguin.**
Dad: **Again? You already know that story by heart.**
Sophie: **❶All right. This one.**
Dad: **I read this when I was little. Do you want to sit on my lap?**
Sophie: **Yes, I want to turn the pages.**
Dad: **Come on, then. ❷Once upon a time ...**

パパ：パパが絵本読んであげようか。
ソフィー：読んで。ペンギンのやつがいい。
パパ：また？　もうそのお話、覚えちゃってるでしょ？
ソフィー：分かったよ。これにする。
パパ：これ、小さいころに読んだことあるよ。膝に座るかい？
ソフィー：うん、私がページをめくる。
パパ：おいで。昔々……。

【語注】
❶ All right.　分かった。
❷ once upon a time　昔々

— At Night

❷ 寝顔を見ながら、つかの間のひととき

CD 32

Dad: **I love watching them sleep. This is my happiest time.**
Mom: **They look like angels when they're asleep.**
Dad: **Listen. Is that Sophie talking?**
Mom: **Yes, she talks in her sleep sometimes, doesn't she?**
Dad: **Did you hear her last night?**
Mom: **Oh, that's right. She laughed out loud, and it woke me up.**
Dad: **We have ❶work tomorrow. Let's go to bed.**

パパ：寝顔を見てるときが一番幸せ。
ママ：寝顔は天使だね。
パパ：聞いて。ソフィーが何か言ってる?
ママ：ええ、ときどき寝言を言うでしょ。
パパ：昨日の寝言、聞いたかい?
ママ：ああ、そうだった。この子、大笑いしてたのよ。私はその笑い声に起こされたのよ。
パパ：明日は仕事だ。さあ寝よう。

【語注】
❶work　仕事

親子が笑顔になる
褒める・励ます 表現26

本書に登場した表現の中から、子どもを褒める・励ます表現をピックアップ。
どんどん使おう。

おしゃれさんだね！　➡p.28
You look smart!

かっこいいね！　➡p.29
You look cool!

今日は楽しかったね　➡p.53
We had a lot of fun today, didn't we?

みんなで食べるとおいしいね　➡p.97
It tastes even better when we eat together.

お皿、ぴっかりんだね！　よくできました！　➡p.98
Your plate is clean! Good job!

ごめんねって言えて偉かったね ➡p.119
You said sorry. Well done.

言うことを聞けて、偉かったね ➡p.120
You listened to what I said. Good job.

今の優しかったね ➡p.121
That was very kind of you.

とってもいい笑顔だよ ➡p.121
You have a beautiful smile.

いつもご機嫌だね ➡p.121
You are always happy.

いつもママを助けてくれるね ➡p.122
You always help me.

みんなを笑わせてくれるね ➡p.122
You make everyone laugh.

君ならできるよ ➡p.122
You can do it.

笑ってる！　もう、かわいいなあ♪ ➡p.134
You're laughing! You're so cute!

生まれてきてくれて、うれしいよ ➡p.134
I'm so glad you were born.

元気に育ってほしいな ➡p.135
I hope you grow up healthy.

この子にはこの子のペースがあるんだから ➡p.136
He'll grow up at his own pace.

ゆっくりさんなだけだよね ➡p.136
He's just a late bloomer.

できないことより、できることに目を向けよう ➡p.136
I'll focus on what he can do instead of what he can't.

そっくりだよ！　上手上手〜！ ➡p.143
**You look just like it!
You're so good!**

うちの子天才かも！ ➡p.144
You're so talented!

できたね〜！　どうもありがとう！ ➡p.144
You did it! Thank you so much!

教えてくれて偉いね ➡p.159
Well done for telling me.

すごいね！　さすがお姉さん(お兄さん)だね ➡p.160
Great! You're such a big girl (boy).

大きくなってきたね〜！ ➡p.163
You're getting so big!

すごい！　自分で体洗えるんだね。 ➡p.164
Wow! You're washing your body by yourself.

完全改訂版
起きてから寝るまで子育て英語表現600

監修／吉田研作　Kensaku Yoshida
上智大学言語教育研究センター長。専門は応用言語学。文部科学省中央教育審議会外国語専門部会委員。J-SHINE理事・認定委員長。『起きてから寝るまで』シリーズや『小学校英語はじめてセット』（アルク）などの監修を務めるほか、著書多数。

解説執筆、表現収集・英文作成協力／春日聡子　Satoko Kasuga
東京大学文学部社会学科卒。ロンドン大学UCLにて英語学修士号を取得。オーストラリア、アメリカで育ち、イギリスで子育ての経験を持つ2児の母。英語教材の執筆、翻訳、編集に携わる。著書に『英会話壁打ちトレーニング[基礎編]』（アルク）などがある。

発音指導／原 功　Isao Hara
中央大学兼任講師。上智大学外国語学部英語学科卒業。英ニューカッスル大学にて博士号取得。専門は音声学。『生英語で聞く外国人の本音クロストーク』（アルク）などの発音解説を執筆。

発行日：2014年6月28日（初版）
　　　　2015年11月6日（第5刷）
企画・編集：株式会社アルク英語出版編集部
監修：吉田研作
解説執筆、表現収集・英文作成協力：春日聡子
発音指導：原 功
編集協力：株式会社エディット
英文校正：Peter Branscombe、Margaret Stalker

発行者：平本照麿
発行所：株式会社アルク
〒168-8611　東京都杉並区永福2-54-12
TEL：03-3327-1101
FAX：03-3327-1300
Email：csss@alc.co.jp
Website：http://www.alc.co.jp

AD・デザイン：遠藤 紅（Concent, Inc.）
表紙イラスト：おおの麻里
本文イラスト：石坂しづか（単語編）、飯山和哉（体の動き）

ナレーション：Carolyn Miller、Julia Yermakov、Howard Colefield、桑島三幸
録音・編集：ジェイルハウス・ミュージック
CDプレス：株式会社学研教育アイ・シー・ティー

DTP：M-CRAFT株式会社
印刷・製本：シナノ印刷株式会社

・落丁本、乱丁本は弊社にてお取り替えいたしております。
　アルクお客様センター（電話：03-3327-1101　受付時間：平日9時〜17時）までご相談ください。
・本書の全部または一部の無断転載を禁じます。
・著作権法上で認められた場合を除いて、本書からのコピーを禁じます。
・定価はカバーに表示してあります。

©2014 ALC PRESS INC.
Kazuya Iiyama／Mari Ohno／Shizuka Ishizaka
Printed in Japan. PC:7014007 ISBN:978-4-7574-2453-1

地球人ネットワークを創る

アルクのシンボル
「地球人マーク」です。